Mauro Beting / Ivan Moré

Neymar

NEYMAR

GESPRÄCHE MIT MEINEM VATER

riva

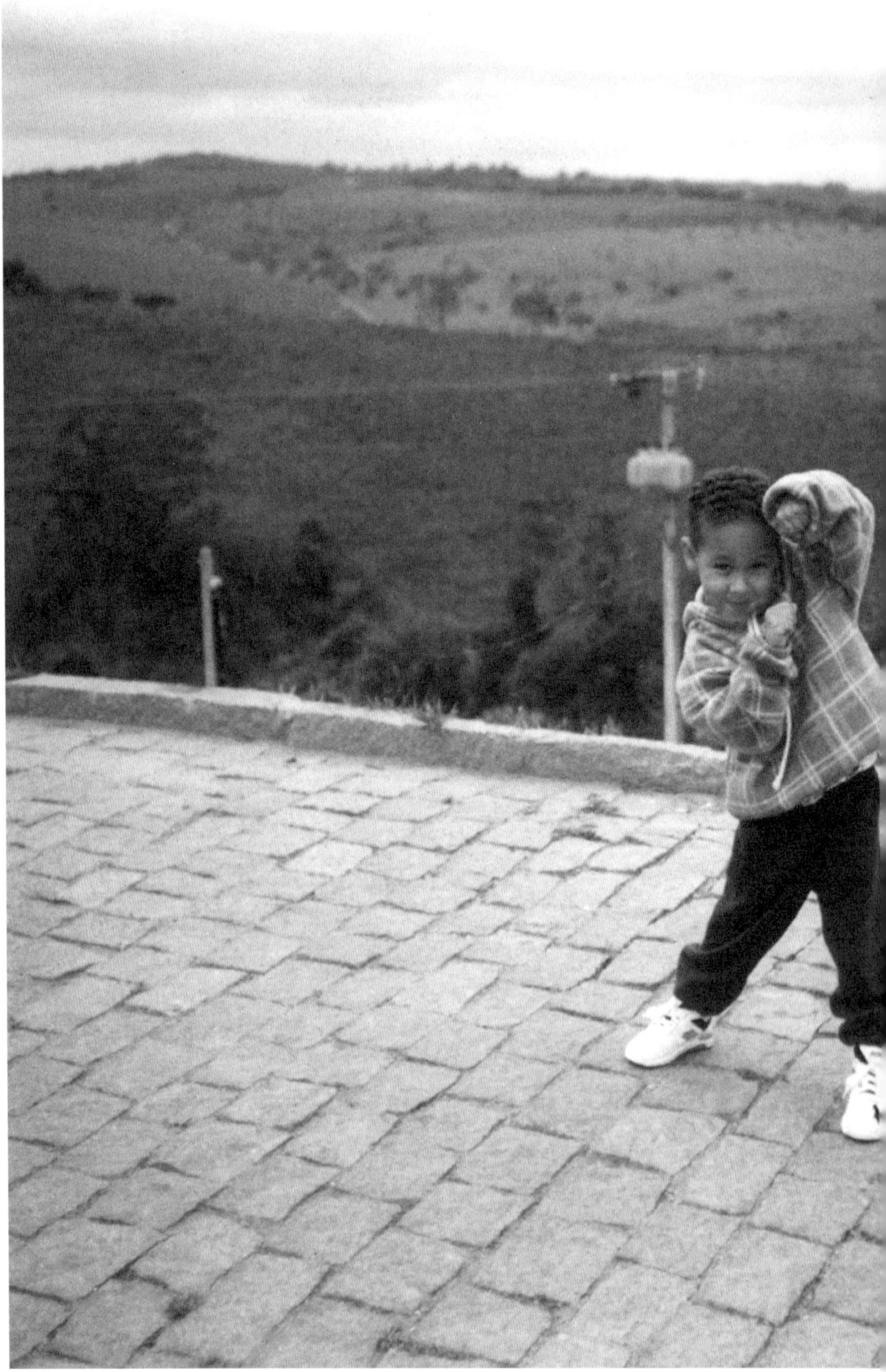

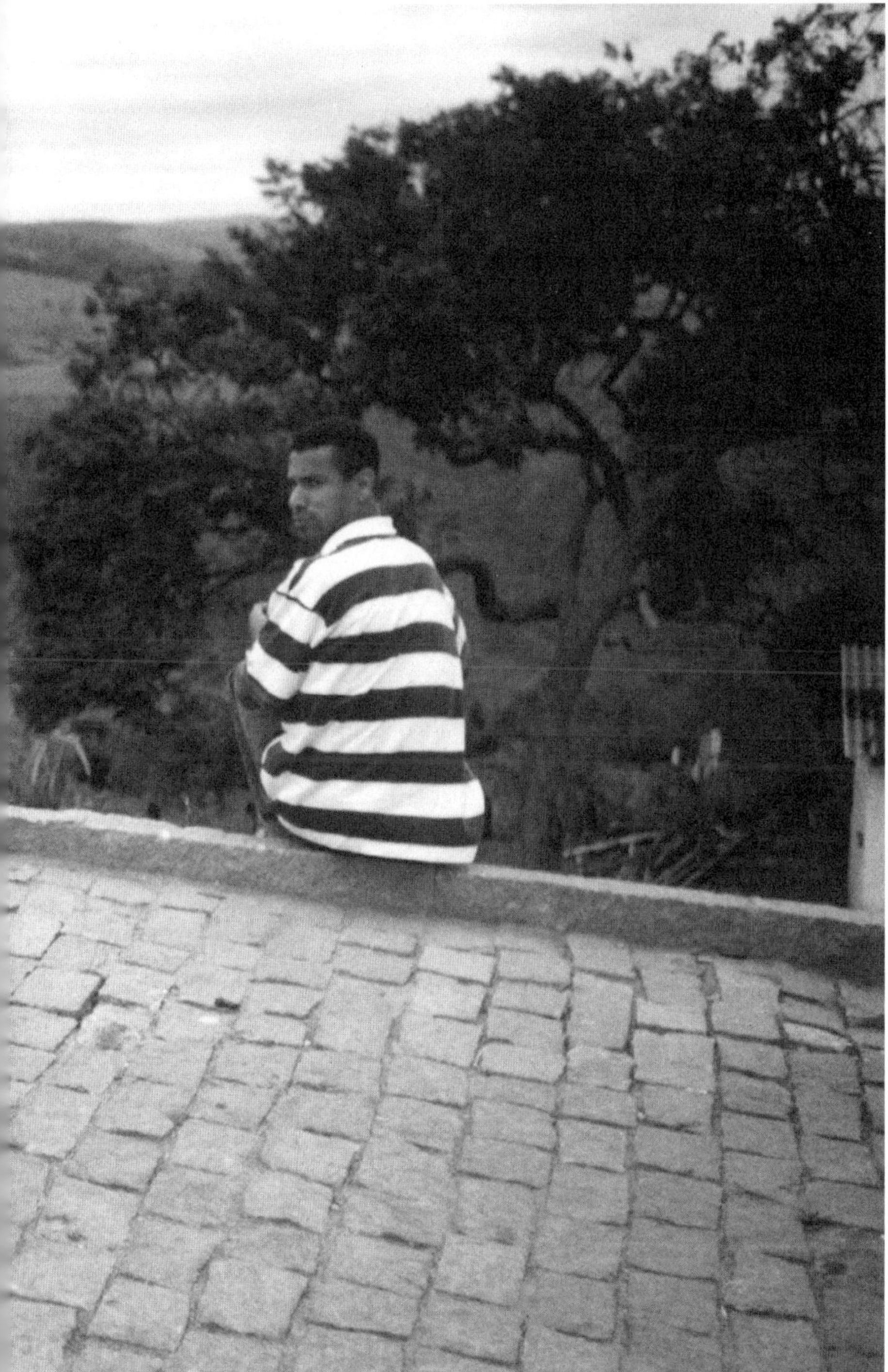

Bibliografische Information der Deutschen Nationalbibliothek:
Die Deutsche Nationalbibliothek verzeichnet diese Publikation in der Deutschen Nationalbibliografie; detaillierte bibliografische Daten sind im Internet über http://d-nb.de abrufbar.

Für Fragen und Anregungen:
info@rivaverlag.de

1. Auflage der Taschenbuchausgabe 2016

Nymphenburger Straße 86
D-80636 München
Tel.: 089 651285-0
Fax: 089 652096

Die brasilianische Originalausgabe erschien 2013 bei Universo dos Livros Editora Ltda. unter dem Titel *Neymar – Conversa entre pai e filho*.

Übersetzung: Birgit Schrader, São Paulo
Redaktion: Stefanie Barthold, Berlin
Umschlaggestaltung: Laura Osswald
Umschlagabbildung: © Getty - Manuel Queimadelos Alonso
Bildteil: S. I und VIII: © Shutterstock/Natursports; S. II, III, VI, VII: Helena Passareli; S. IV-V: © Alex Livesey - FIFA/Getty Images, Inc.
Satz: Carsten Klein, München
Druck: CPI books GmbH, Leck
Printed in Germany

ISBN Print: 978-3-86883-906-7
ISBN E-Book (PDF): 978-3-86413-576-7
ISBN E-Book (EPUB, Mobi) 978-3-86413-577-4

Weitere Informationen zum Verlag finden Sie unter
www.rivaverlag.de
Beachten Sie auch unsere weiteren Verlage unter
www.muenchner-verlagsgruppe.de

INHALT

Vorwort | 9

Über dieses Buch | 13

Von Vater zu Sohn | 15

Von Sohn zu Vater | 23

Um ein Haar | 27

Erste Spiele | 33

Ehrliche Arbeit | 39

Santos, immer wieder Santos | 47

Real Madrid | 53

Ich bin Neymar Jr. | 61

Jugendlicher Leichtsinn? | 67

Das Debüt | 75

Siegeshunger | 83

Fanbelagerung | 87

Manndeckung | 91

Lehrjahre | 95

Die Vila-Jungs 3.0 | 101

Ich bleibe | 109

Das Jahr 2011 | 115

Die Lehrstunde | 131
Die Campeonato Paulista 2012 | 133
Die Seleção | 137
Der silberne Traum | 139
Reifezeit | 145
Barcelona | 149
Mi Casa, su Casa | 153
Der Confed-Cup 2013 | 157
Davi Lucca | 167
Stolz | 171
Die Zukunft | 179
Erfolge und Auszeichnungen | 183
Instituto Projeto Neymar jr. | 187

VORWORT

Neymar Jr.,

als du die Copa Libertadores[1] gewonnen hast, hat sich mein Vater Joelmir Beting – damals Sprecher der Nachrichtensendung *Jornal da Band*[2] – am nächsten Tag das schüttere weiße Haar nass gemacht, um es sich zu einem Mohikaner zu kämmen, wie du ihn damals trugst. Fast hätte er die Fernsehnachrichten so moderiert. Dabei ist er Fan von Palmeiras[3] …

Er war der beste Vater, der man als Journalist sein kann. Und der beste Journalist, den ein Sohn zum Vater haben kann.

Er verehrte dich. 2012 ist er verstorben, doch ich kann mir gut vorstellen, wie er sich da oben fühlte, als sein Sohn,

---

1 Die Copa Libertadores ist das südamerikanische Gegenstück zur europäischen Champions League.

2 Das *Jornal da Band* ist eine von dem Sender *Rede Bandeirantes* ausgestrahlte brasilianische Nachrichtensendung.

3 Palmeiras ist einer der traditionsreichsten Fußballvereine aus São Paulo, hervorgegangen aus der von italienischen Einwandern gegründeten Società Palestra Italia.

der heute ebenfalls Journalist ist, von dir auf dem Rasen des Vila Belmiro[4] eine Gedenkplakette zu seinen Ehren überreicht bekam. Er liebte den Fußball, und er liebte dein Spiel. Das Maracanã und die ganze Welt konnten es beim Confed-Cup miterleben. Es waren genau 52 Jahre vergangen, seitdem mein Vater dem großen Pelé eine Ehrenplakette für ein Tor überreicht hatte, das als *Gol de Placa* in die Fußballgeschichte einging.

Auch du bist heute, vermutlich für sehr lange Zeit, der Inbegriff des brasilianischen Fußballstars, und zwar überall auf der Welt. Ich gebe zu, ich erinnere mich nicht, was du an jenem Tag im Vila Belmiro zu mir gesagt hast, Neymar Jr. Ich gestehe, dass ich nicht mehr weiß, was wir miteinander geredet haben, als ich die Plakette bekam, die Santos meinem verstorbenen Vater gewidmet hatte. Noch nie zuvor hatte ich einen so bewegenden Moment erlebt, und ich fühlte mich geehrt, dass ich meinen Vater vertreten konnte. So sehr, dass ich mich nicht mehr an die Worte erinnere, die in diesem unvergesslichen Moment gesprochen wurden.

Ich versuche mir vorzustellen, was Neymar Sr. fühlt, wenn du auf dem Platz stehst. Ich bin selbst Vater, auch wenn meine Kinder in anderen Bereichen glänzen und nicht im Fußball. Meine Familie – meine Eltern und meine Kinder – bedeutet mir alles. Ich kann mir kaum ausmalen, was es für einen Vater bedeuten muss, einen Sohn zu haben, der etwas so Besonderes ist wie du. Dem eine so glänzen-

4 Das Estádio Urbano Caldeira in der brasilianischen Stadt Santos, Heimat des FC Santos, wird auch Vila Belmiro genannt.

de Zukunft bevorsteht. Ich versuche mir auch vorzustellen, was Neymar Jr. fühlen muss, einen solchen Vater zu haben. Selten habe ich einen Vater und einen Sohn gesehen, die so fest zusammenhalten und so enge Freunde sind. Das ist eine ganz besondere Verbindung.

Ich versuche mir vorzustellen, was Ivan Moré fühlte, der einem so hervorragenden Duo so nahekam. Und ich gratuliere meiner Freundin Marcia Batista, der es gelungen ist, ein so besonderes Projekt auf die Beine zu stellen.

Unsere Familie ist unser bestes Team. Das gilt für alle Familien. Aber nur wenige Familien spielen beim Fußball so gut zusammen wie Neymars Familie. Neymar Sr. ist mehr als ein Vater, und Neymar Jr. ist mehr als ein Sohn. Diese beiden Menschen sind die Seele des Santos Futebol Clube.

Amen!

Mauro Beting, Sportjournalist

ÜBER DIESES BUCH

Ich lernte Neymar Jr. kurz nach seinem Debüt kennen, als die Mannschaft des FC Santos noch unter den Fittichen von Vanderlei Luxemburgo stand. Ich erinnere mich genau an diesen Tag. Es war eine Begegnung zwischen Palmeiras und Santos im Vila Belmiro.

Neymar Jr. hatte das entscheidende Tor geschossen, ein Tor mit dem linken Fuß, das den 2:1-Sieg des Gastgebers besiegelte. Ein kleines Detail am Rande: Im gegnerischen Tor stand Marcos, der Starkeeper von Palmeiras.

In der zweiten Halbzeit wurde Neymar Jr. ausgewechselt. Mit der Erlaubnis des Trainers ging ich zur Reservebank. Ich setzte mich neben ihn und bat ihn, seinen linken Schuh auszuziehen. Diese Szene wollte ich als Einleitung für meine Reportage verwenden. Ich erinnere mich an den Blick des jungen Neymar Jr., er war gleichzeitig erschreckt und überrascht, aber er erfüllte prompt meinen Wunsch.

Das war der Beginn einer respektvollen Freundschaft zwischen mir und dem damaligen Wunderknaben von Santos. Während der ersten Erfolge von Neymar Jr. im Santos-Trikot hatte ich die Gelegenheit, ein paar sehr besondere Reportagen mit dem Star zu machen. In der Blitzkarriere dieses jungen Mannes gibt es so einige Kuriositäten. Er wäre niemals dort angelangt, wo er heute ist, wenn sein Vater nicht hinter ihm stände. Das ist vor allem deshalb interessant, weil beim Betrachten der Lebensgeschichte des Vaters eines sofort ins Auge fällt: Es gab etliche Probleme, Herausforderungen und Grenzsituationen in der „Familie Neymar". Angesichts einer so ereignisreichen Geschichte kann man nur Folgendes feststellen: In der Karriere des „Juwels", das im Nachwuchsleistungszentrum des FC Santos geschliffen wurde, hat man nichts dem Zufall überlassen.

Die Idee hinter diesem Buch war, einmal zu zeigen, worauf dieser Erfolg zurückzuführen ist. Warum ist dieser Junge mit dem auffälligen Haarschnitt heute Brasiliens größter Fußballspieler? Worauf ist das zurückzuführen? Woher kommt so viel Eingebung, so viel Energie? Um diese Fragen zu beantworten, stellen wir die Aussagen von Vater und Sohn gegenüber. Die Rolle, die der eine jeweils im Leben des anderen spielt, und der gegenseitige Einfluss aufeinander sollen auf diese Weise deutlich werden. So erklärt sich, wie es gelungen ist, dass diese beiden Männer in einer perfekten Symbiose weltweites Ansehen erlangt haben.

Das Talent von Neymar Jr. ist sicher groß, aber es hätte im knallharten Fußballzirkus verloren gehen können, wenn der Junge nicht so viel Orientierung bekommen hätte. Das ist das Verdienst des Vaters. Wenn man das Buch *Neymar – Gespräch zwischen Vater und Sohn* liest, wird spürbar, worauf der Erfolg des Fußballgenies Neymar Jr. zurückzuführen ist und welche verheißungsvolle Zukunft ihn erwartet.

Ivan Moré, Journalist

VON VATER ZU SOHN

Mein Name ist Neymar da Silva Santos. Neymar ist nun wirklich kein geläufiger Name, doch ich rechne damit, dass der Bekanntheitsgrad dieses Namens steigen wird, und das nicht zuletzt wegen eines ganz besonderen Menschen, der vor 21 Jahren in mein Leben trat. Silva Santos dagegen ist ein sehr verbreiteter Nachname. Silvas gibt es in Brasilien wie Sand am Meer. Sogar ein Präsident hieß so. Auf meinen zweiten Familiennamen Santos bin ich richtig stolz. Ich bin glücklich, dass ich Santos heiße, so glücklich wie ein gewöhnlicher Mensch, ein einfacher Mann, wie jeder Brasilianer. Noch stolzer bin ich darauf, was Wunderbares mit unserer Familie geschah. Auf meinen Sohn, der seine erfolgreiche Karriere eben genau im Santos Futebol Clube begann, für den auch mein Idol Pelé und viele Superstars des Vila Belmiro spielten. Mein Lieblingsverein. Der Verein meines Sohnes.

Der größte Santos-Fan in meiner Familie war mein Vater Ilzemar. Er und meine Mutter kommen aus dem Bundesstaat Espírito Santo. Sie sind aus Vitória[5] und stolz darauf. Aber Ilzemar wäre eigentlich gerne im Stadtviertel Vila Belmiro am Stadion geboren, das hier Vila Mais Famosa do Mundo genannt wird, das berühmteste Dorf der Welt. Unser aller Dorf. Meines auch, denn ich bin in der Baixada Santista geboren, in der Tiefebene von Santos, an der Küste des Bundesstaates São Paulo, genauer gesagt, in der Hafenstadt Santos selbst. Genau wie meine Geschwister: José Benício, den hier alle Nicinho nennen, und Joana D'Arc, unsere Jane.

Leider konnte mein Vater Ilzemar nicht mehr miterleben, wie sein Enkel Profispieler wurde, denn er starb im Mai 2008, weniger als ein Jahr vor der Vorstellung von Neymar Jr. beim FC Santos. Mein Sohn hat den Respekt und die Bewunderung für den Verein geerbt, die Erinnerung an seinen Großvater und seine Liebe nahm er immer mit auf den Platz.

Neymar Jr. oder Juninho, wie wir ihn in der Familie nennen, genießt seine Karriere. Sicher, er ist verantwortungsbewusst, aber er hat viel Spaß am Fußball. In diesem Beruf hat er seine Bestimmung gefunden. Ein Fußballfeld, ein Tor und ein Ball reichen aus, um ihn glücklich zu machen. Dabei war das Leben weder für ihn noch für uns einfach. Wir haben viel durchgemacht, bis wir es geschafft haben. Heute geht es uns gut. Juninho ist nichts in den Schoß gefallen, obwohl ihm Gott zweifellos ein großes Talent in

5 Vitória ist die Hauptstadt des brasilianischen Bundesstaates Espírito Santo. Sie liegt 530 km nordöstlich von Rio an der Küste, die Einwohner werden Capixabas genannt.

die Wiege gelegt hat. Er war immer zielstrebig, und alles, was wir in ihn investiert haben – und was andere in ihn investiert haben, die an ihn glaubten –, hat sich schließlich gelohnt.

Profisportler leben in einer Welt, die ihnen manchmal unwirklich erscheint. Der Grund dafür sind die großen Anforderungen, die es mit sich bringt, eine Profikarriere zu starten, immer in Form zu sein und an der Spitze zu bleiben. Dazu kommt, dass ein Profisportler nach seiner aktiven Karriere nicht einfach den Arbeitsplatz wechseln kann. Er muss einen neuen Beruf ergreifen, und das ist alles andere als einfach.

Ist ein Profi auf dem Höhepunkt seiner Karriere angelangt, ist er auch als Mensch reifer und verantwortungsbewusster geworden. Dann allerdings beginnt sein Körper plötzlich nicht mehr mitzumachen, weil man ihm jahrelang so viel abverlangt hat.

Ein ganzes Leben lang kann man die Gegner umdribbeln, doch die Zeit holt uns alle ein. Irgendwann schlägt unsere Stunde. Ein Kämpfer will immer gewinnen, auch gegen die Zeit, doch diesen Zweikampf muss er zwangsläufig verlieren. Man muss erkennen, wann es Zeit ist aufzuhören. Aber wer weiß das schon vorher? Nur Gott weiß es. Wir können nicht gegen die Zeit ankämpfen, ebenso wenig wie gegen Gott.

Auch meine Karriere als Profifußballer begann im Juniorenteam des FC Santos. Zwischen meinem 14. und 16. Lebensjahr habe ich für meinen Lieblingsverein gekickt.

Dann bin ich innerhalb der Stadt zu Portuguesa[6] gewechselt und wurde dort zum Profi. Später – noch sehr jung – wechselte ich zum Tanabi Esporte Clube im Hinterland von São Paulo. Danach ging ich zum Drittligisten Iturama, das ist im Bundesstaat Minas Gerais, bei Frutal, wo ich allerdings ernsthaft an Tuberkulose erkrankte. Ein Jahr lang – zwischen meinem 19. und 20. Lebensjahr – musste ich pausieren.

> Auch meine Karriere als Profifußballer begann im Juniorenteam des FC Santos.

Unter diesen Bedingungen war die Fortsetzung meiner Profikarriere zunächst undenkbar. Ich beschloss, nach Santos zurückzukehren, wo mein Vater eine Autowerkstatt hatte, in der er mich gut gebrauchen konnte. Doch da lud mich der traditionsreiche Verein Jabaquara AC Santos aus dem Stadtviertel Caneleira ein. Dieser Klub schrieb bis Anfang der 1960er-Jahre Fußballgeschichte. Mein Vater Ilzemar war dagegen, dass ich wieder als Fußballer arbeitete. Mir ging es gut, ich verdiente mein eigenes Geld mit dem Autohandel. Ich reparierte die Autos und verdiente am Wiederverkauf. Mein Vater wollte nicht, dass ich all das aufgab, um wieder mein Glück als Fußballer zu versuchen. Ich habe es trotzdem getan. Ich liebte den Fußball. Ich spielte, weil ich Lust dazu hatte, nicht wegen des Geldes. Unter der

6 Associação Atlética Portuguesa, kurz Portuguesa Santista, ist ein Fußballverein in Santos. Er wird auch liebevoll Briosa oder Lusinha genannt.

Woche arbeitete ich also weiter in der Werkstatt und am Wochenende stand ich für den Jabaquara AC auf dem Platz. Ich liebte den Fußball so sehr, dass ich sogar bereit war, auf ein Gehalt zu verzichten.

Für Jabuca habe ich vier gute Spiele gemacht. Eines davon war gegen União aus Mogi das Cruzes, ein Verein aus der Série A3. Das war damals die dritte Liga im Bundesstaat São Paulo. Jabaquara war in der vierten Liga. Noch ein Grund mehr, mich anzustrengen und mein Bestes zu geben. Ich war gut drauf in diesem Freundschaftsspiel ... so gut, dass mich der Schiedsrichter, der berühmte Dulcídio Wanderley Boschilia, der Vereinsführung von União vorstellte. Und die war an mir interessiert! Mein Vater rümpfte die Nase, anstatt mich zu unterstützen, für ihn war das Ganze eher ein Nebenjob als ein richtiger Beruf.

Doch jetzt wurde die Sache langsam ernster und professioneller. Ich fuhr nach Mogi das Cruzes, um mit der Vereinsleitung zu sprechen. Es ging ganz schnell: Sie hörten mir gar nicht zu, sondern schickten mich direkt zum ersten Training der Mannschaft, die in Suzano trainierte, in der Nähe von São Paulo. Ich spielte sehr gut auf meiner Position, dem rechten Flügel. Ich dribbelte, gab ein paar Vorlagen und arbeitete meinen neuen Teamkollegen engagiert zu. Ich tat das, was ich auch in Jabaquara getan hatte. Ich muss sagen, für das erste Mal unter diesen Bedingungen war ich wirklich gut.

Nach dem Training fuhr ich nach Mogi das Cruzes, um mich mit dem Vereinspräsidenten zu einigen. Da ich bei Jabaquara gar kein Geld bekam, war mir jedes Angebot von União recht. Das war im März 1989. Mir wurde ein Vertrag bis Dezember angeboten. Das Gehalt war recht gut, viel höher, als ich mir erträumt hatte. Ich wand mich ein wenig, denn ich wollte einerseits unbedingt den Deal abschließen, mich aber andererseits auch nicht unter Wert verkaufen. Also kam ich später noch einmal wieder. Der Vereinspräsident dachte wohl, dass ich noch nicht zufrieden war, und verdoppelte mein Gehalt und das Handgeld nahezu. Nach dem zweiten Gespräch hatte ich den Vertrag in der Tasche, auch wenn ich ein Gesicht zog, als wäre ich immer noch nicht ganz zufrieden. Bei diesem Gespräch lernte ich eine Menge.

In jenem Jahr, 1989, war ich richtig gut in der Série A3. So gut, dass der Verein Rio Branco in Americana auf mich aufmerksam wurde, der in einer noch höheren Liga spielte. Im Dezember 1989 taten sich zehn Geschäftsleute aus Mogi das Cruzes zusammen, um União eine Summe in Höhe meiner Ablöse anzubieten, damit ich beim Verein blieb. Mit dem Handgeld kaufte ich ein Häuschen für meinen Vater an der Küste, in der Baixada Santista. Zum ersten Mal in meinem Leben fühlte ich mich reich. Eigentlich war es gar nicht viel Geld, doch ich konnte damals meinen Eltern alles zurückgeben, was sie für mich und meine Geschwister getan hatten. Eine größere Freude im Leben gibt es nicht.

Nachdem mein Vertrag mit Mogi das Cruzes unter Dach und Fach war, spielte ich im ersten halben Jahr im regionalen Wettbewerb für União und anschließend wurde ich an andere Vereine ausgeliehen, um weiter Spielpraxis zu sammeln. Auf diese Weise hatte ich Gelegenheit, in Curitiba, Leme und Catanduva zu spielen. Ich war ständig unterwegs, kehrte aber schließlich immer zum FC União zurück.

Ich war kein Topspieler, aber ein schlechter Fußballer war ich auch nicht. Ich wusste, wie man mit dem Ball umgeht, und ich hatte ein gutes Spielverständnis. Aber nicht immer gelingt uns alles, was wir uns vornehmen. Oft macht der Körper einfach nicht, was der Kopf will. Nur besonderen Menschen gelingt es, alles zu sehen (und vorherzusehen) und dann auch noch mit dem Ball zu machen, was sie wollen.

In meinem Fall waren es die Verletzungen, die mich davon abhielten, eine große Karriere zu machen. Schon früh musste ich meine Laufbahn beenden, mit 32 Jahren war Schluss. Meine Verträge waren damals bereits alles andere als günstig, die Bedingungen waren schlecht, und ich war nicht mehr der Jüngste. Außerdem war ich 1992 Familienvater geworden und hatte damit mehr Verantwortung zu tragen. Am 11. März 1996 wurde meine jüngste Tochter geboren, Rafaela. Mit ihr und Juninho wurde es schwieriger, den Wohnort und den Verein zu wechseln, vor allem, weil die Verträge nicht optimal waren und das Gehalt nicht ausreichte, um für meine Frau Nadine und meine Kinder zu sorgen.

Schon früh musste ich meine Laufbahn beenden, mit 32 Jahren war Schluss.

Ich konnte einfach nicht mehr. Meinen Sohn ständig in eine andere Schule zu schicken war für uns nervenaufreibend und für ihn sehr ungünstig. Außerdem machte mein Körper nicht mehr mit. Wenn ich unter der Woche gut und hart trainiert hatte, begann während des Spiels alles wehzutun. Wenn ich mich beim Training mehr zurücknahm, dann litten darunter die Technik und das taktische Können während des Spiels. Die Verantwortlichen vom Verein dachten, dass ich mich nicht genügend anstrengte, aber das war es nicht, das hätte ich nie gemacht. Mehr ging einfach nicht. Die Vertragsbedingungen wurden schlechter, das Gehalt weniger. Wegen meiner Verletzungsgeschichte bekam ich nur noch Risikoverträge, die eine Klausel beinhalteten, nach der mir gekündigt werden konnte, falls ich auf der Krankenstation landete. Also unterdrückte ich meinen Schmerz, so gut es ging, und behandelte mich zu Hause, um zu verhindern, dass der Verein von meinen Problemen erfuhr.

Doch ich musste aufhören, mich selbst zu betrügen und meine Arbeitgeber hinters Licht zu führen. Ich musste eine Entscheidung treffen – was schwerfällt, wenn man etwas tut, das man liebt. Es ist hart, einen Kindheitstraum aufzugeben, wenn man erwachsen ist und eine Familie hat. Aber es half nichts. Ich musste meinen Traum begraben. Meine Laufbahn als Profisportler war vorbei. Doch damals hatte ich bereits ein besonderes „Juwel" zu Hause. Zwei „Juwelen", genauer gesagt. Meine Kinder. Und eines hatte das Potenzial, meinen Traum weiterzuleben.

VON SOHN ZU VATER

Alles, was ich bin und was ich habe, verdanke ich meinen Eltern und Gott. Ich bin ein Glückskind, denn mein Vater ist viel mehr für mich als nur ein Vater. Er ist mein bester Freund. Zwar ist er manchmal hart zu mir, aber er tut alles für mich und die Familie.

Für jeden Sohn ist ein Vater ungeheuer wichtig, bei mir war es nicht anders. Mein Vater will immer das Beste für die Familie. Ich lerne sehr viel durch seine Ratschläge und Anstöße. Es ist einfach toll, wenn man einen wirklichen Lehrmeister hat, so wie ihn, ob es um die großen Fragen des Lebens geht oder um Fußball. Auch der Fußball selbst hat mir geholfen, meine Persönlichkeit weiterzuentwickeln. Heute fällt es mir viel leichter zu unterscheiden, was richtig und was falsch ist. Mein Vater hilft mir sehr dabei, meine Fehler zu erkennen – oder sie nach Möglichkeit bereits im Vorfeld zu vermeiden.

Mein Vater ist sehr viel mehr für mich als ein Manager und Berater. Mein Vater ist mein Leben. Ich verdanke ihm nicht nur meine Geburt, sondern alles, was ich seitdem erreicht habe. Natürlich muss ich noch viel mehr lernen, denn ich bin noch jung. Aber ich weiß, dass ich mich immer auf meinen Vater verlassen kann, er ist für mich ein wichtiger Bezugspunkt, auf und neben dem Platz. Schon immer habe ich zu ihm aufgeschaut. Wie oft habe ich auf dem Platz (und im Leben) gedacht: *Was würde mein Vater jetzt tun?* Das ist wahnsinnig hilfreich. Er ist mein großes Vorbild.

Natürlich habe ich auf dem Platz auch noch andere Vorbilder und Idole. Mein Vater hat mir immer wieder gesagt, ich solle gut aufpassen, um von den erfahrenen Spielern zu lernen. Daher beobachte ich Messi und Cristiano Ronaldo sehr genau ... und ich habe auch immer versucht, mir etwas von Ronaldo, Robinho, Rivaldo und Romário abzuschauen.

Mir ist bewusst, dass ich prominent bin. Deshalb muss ich immer genau darauf achten, was ich auf und neben dem Spielfeld so mache. Ich weiß, dass ich für viele Kinder ein Vorbild bin und deshalb sehr viel Verantwortung trage, aber so kompliziert ist das nun auch wieder nicht. Ich liebe den Fußball.

Wie oft habe ich auf dem Platz (und im Leben) gedacht: „Was würde mein Vater jetzt tun?" Das ist wahnsinnig hilfreich. Er ist mein großes Vorbild.

Ich mache alles auf meine Weise. Posen sind nichts für mich, ich inszeniere nichts. Ich habe weder eine Marketingstrategie noch will ich auf mich aufmerksam machen – ich bin einfach gerne authentisch. Ich liebe verrückte Looks und trage bei meiner Kleidung, meinen Schuhen, Mützen und Ohrringen gerne mal etwas dicker auf. Die Jungs in meinem Alter sind eben so, wo ist das Problem? Solange ich mit beiden Füßen fest auf dem Boden stehe, können meine Haare können ruhig etwas in die Höhe wachsen.

Mit Kritik gehe ich relativ gelassen um. Ich rege mich nicht auf. Ich weiß, wenn ich etwas verbessern muss und dass ich noch viel lernen muss, aber ich kann auch unterscheiden, ob eine Kritik konstruktiv ist oder einen persönlichen Angriff darstellt. Das kann ich auseinanderhalten, und manchmal meinen es die Leute auch gar nicht so. Du musst geduldig und beharrlich sein, um dich immer wieder selbst zu übertreffen und dafür zu sorgen, dass die Kritiker im nächsten Spiel nur Gutes über dich sagen.

Ich bin an kritische Worte gewöhnt, denn ich habe einen ehrlichen Freund zu Hause. Ich komme heim und frage: „Was denkst du darüber, Vater?" Und Neymar Sr. geht nicht zimperlich mit mir um: „Also, mein Junge", sagt er dann, „du hast was falsch gemacht, aber du kannst dich verbessern." So lernt man doch, nicht wahr? Das Wichtigste ist, darüber zu sprechen.

Genau wie mein Vater habe ich noch nie gerne verloren. Verlieren, das Wort gibt es in meinem Wortschatz überhaupt nicht. Ich habe immer versucht, mein Bestes zu geben, damit sich die Fans freuen. Ich bin verantwortungsbewusst und verstecke mich nicht. Ich will den Ball, ich will das Spiel. Ich vergebe nicht gerne eine Torchance und hasse es, einen Schuss zu verschwenden. Ich verlange viel von mir selbst, aber nur so kann ich mich weiterentwickeln. Auf dem Platz möchte ich eigentlich immer noch dasselbe tun wie damals, als ich noch auf der Straße gespielt habe. Mit derselben Leidenschaft und Spielfreude.

Mein Vater ist mein schärfster Kritiker. Der beste und der härteste. Nach den Begegnungen zeigt er mir immer Aufzeichnungen der wichtigsten Momente und gibt mir einen Mitschnitt meines gesamten Spiels, damit ich daraus lernen und mich verbessern kann. Er zeigt mir Statistiken, er sagt mir im Detail, wo ich etwas falsch gemacht habe, was gut war und wie ich mich verbessern kann. Er versteht wirklich viel vom Fußball und gibt mir regelrecht Unterricht. Ich danke ihm für alles.

UM EIN HAAR

Februar 1992. Wir waren zu Hause, als Nadines Fruchtblase platzte. Sofort sind wir in die Klinik gefahren, und glücklicherweise verlief alles völlig normal. Eine natürliche Geburt. Es war ein Junge! Wir haben es erst erfahren, als er geboren wurde. Damals, vor 21 Jahren, konnte man das Geschlecht des Kindes nicht vorher in Erfahrung bringen. Ein Ultraschall war zwar bereits möglich, aber wir konnten uns die Untersuchung nicht leisten.

Als unser Ältester geboren wurde, wussten wir noch nicht, wie er heißen sollte. Viel sprach für Mateus, das war Nadines Idee, aber wir konnten uns nicht entscheiden. Fast eine Woche lang waren wir unentschlossen, und so blieb Juninho erst einmal namenlos. Auch heute geht es mir noch oft so, dass ich bei bestimmten Dingen lange für Entscheidungen brauche. Ich treffe den Entschluss in allerletzter Minute … Aber wenn ich mich einmal entschieden habe, dann ändere ich meine Meinung nicht mehr. Als ich unseren Sohn beim Standesamt anmeldete, sollte er eigentlich Mateus heißen, aber auf halbem Weg änderte ich meine Meinung. Er bekam den Namen Neymar, wie sein Vater. So wurde Neymar Jr. geboren.

Nadine und ich wohnten damals in einer Mietwohnung, die vom FC União aus Mogi das Cruzes angemietet worden war. Dort verbrachte ich die ersten Lebenstage von Juninho und starb jedes Mal vor Angst, wenn ich ihn auf den Arm nahm. Er sah so zerbrechlich aus, ich wusste nicht, wie ich mit ihm umgehen sollte. Ich brauchte ein bisschen Unterstützung, doch nach kurzer Zeit änderte sich das und ich schaffte es alleine. Und ich wurde richtig eifersüchtig, wenn jemand anderes viel Zeit mit meinem Sohn verbrachte.

Als ich unseren Sohn beim Standesamt anmeldete,
sollte er eigentlich Mateus heißen,
aber auf halbem Weg änderte ich meine Meinung.
Er bekam den Namen Neymar, wie sein Vater.
So wurde Neymar Jr. geboren.

Einige Monate nach der Geburt, im Juni 1992, fuhren wir von Mogi das Cruzes aus nach Santos, um Verwandte zu besuchen. An diesem Tag hatte ich ein Spiel für União gehabt. Juninho war erst vier Monate alt. Nadine saß auf dem Beifahrersitz und unser Sohn lag in seiner Babyschale auf der Rückbank meines roten Wagens.

Die Fahrt durch die Berge Richtung Meer ist an Regentagen immer gefährlich, und noch gefährlicher ist es auf einer Landstraße mit Gegenverkehr. Ein anderer Wagen kam mir entgegen. Zwar konnte ich auf den Standstreifen ausweichen, doch ich fuhr im fünften Gang. Als ich beschleunigte, war ich immer noch elend langsam, und ich hatte keine Zeit herunterzuschalten. Der Wagen erwischte uns von der Seite und knallte in die Fahrertür. Mein linkes Bein wurde über das rechte geschoben. Unterleib, Becken, es fühlte sich an, als sei alles in meinem Körper zerbrochen. Verzweifelt rief ich meiner Frau zu: „Ich sterbe, ich sterbe!" Es ging sehr schnell. Man bekommt alles mit und weiß trotzdem nicht, was geschieht. Und noch schlimmer als die Angst und die Schmerzen war mein nächster Gedanke: *Wo ist Juninho? Wo ist mein Sohn?*

Wir konnten Neymar Jr. nicht finden – der Kleine war weg! Er war weder im vorderen Bereich des Wagens noch auf der Rückbank. Ich vermutete, dass er durch die Wucht des Aufpralls aus dem Auto geschleudert wurde. Dieses kleine Wesen mit seinen vier Monaten ... Ich muss sicher nicht sagen, was ich in diesem Augenblick fühlte. Es ließe sich auch nicht beschreiben. Beim Gedanken daran zittere ich noch heute. Meine Frau und ich waren uns sicher, dass unser Sohn tot war. In dieser Verzweiflung und mit diesen unerträglichen Schmerzen im Becken kann ich mich nur daran erinnern, dass ich zu Gott betete, dass er doch mich an Juninhos Stelle zu sich rufen sollte. Mein größter Schmerz wäre gewesen, ihn zu verlieren.

In dieser Verzweiflung und mit diesen unerträglichen Schmerzen im Becken kann ich mich nur daran erinnern, dass ich zu Gott betete, dass er doch mich an Juninhos Stelle zu sich rufen sollte.

Das Auto hing halb über dem Abhang, unter uns floss ein Bach. Nadine konnte nicht aus der Beifahrertür heraus, sonst wäre sie hinuntergefallen. Sie musste durch das Heckfenster aus dem Wagen klettern. Der Sicherheitsgurt hielt mich fest, durch den Aufprall hatte sich alles verformt. Juninho war nicht aufzufinden. Wir hatten den Boden unter den Füßen verloren.

Aber wer an Gott glaubt, verliert die Hoffnung nicht. Es kamen Helfer und sie fanden Juninho unter der Rückbank des Wagens. Was für ein Glück! Sie zogen ihn heraus und er war voller Blut. Sie brachten ihn sofort ins Krankenhaus. Ich habe ihn erst später wiedergesehen, ihn und meine Frau. Er war wieder ganz sauber und hatte nur ein Pflaster auf der Stirn. Grund für das ganze Blut war ein kleiner Schnitt am Kopf gewesen, verursacht durch eine Glasscherbe. Nichts Schlimmes. Die Zeit, die verging, bis ich das erfuhr, erschien mir endlos.

Ich erlitt eine schwere Verrenkung des Beckens. Da man es nicht eingipsen konnte, legten die Ärzte eine Art Gürtel an, eine Vorrichtung, die mich in der Luft schweben ließ. So lag ich zehn Tage im Krankenhaus und danach musste ich noch vier Monate in identischer Position zu Hause im Bett verbringen. Erst acht Monate nach dem Unfall konnte ich Juninho wieder in meine Arme schließen. Er war damals schon ein Jahr alt und weinte nicht mehr, wenn er mich sah. Am Anfang hatte er sich immer erschrocken, denn all diese Geräte im Zimmer und dazu ich, halb in der Luft hängend, hatten ihm Angst eingejagt. Für mich war es traurig, dass ich meinen Sohn während dieser Zeit nicht in meiner Nähe haben konnte. Es war befremdend, dass ich ihn nicht berühren konnte, nicht in seine Nähe konnte und dass ich meiner Frau nicht helfen konnte, unseren Sohn zu versorgen.

Ich schlief immer erst sehr spät ein, nach meinem Sohn und meiner Frau. Dann begann ich zu weinen, und es gelang mir, langsam zur Ruhe zu kommen. Es war schrecklich, mich nicht aufsetzen und bewegen zu können. Ich dachte besorgt daran, wie es mit meiner Profikarriere weitergehen könnte – es waren entsetzliche Gedanken.

Vielleicht aber haben mich all diese Erlebnisse auf gewisse Weise auf die Zukunft von Neymar Jr. vorbereitet. Heute bin ich dankbar dafür, dass ich diesen Unfall hatte. Ich habe viel mehr Zuversicht und Geduld. Ich danke Gott für alle Leiden in meinem Leben. Es ist sehr viel besser, selbst zu leiden, als seine Kinder leiden zu sehen. Vielleicht hätte ich es nicht ertragen, wenn das einem meiner Kinder zugestoßen wäre.

Es war schrecklich, mich nicht aufsetzen und bewegen zu können. Ich dachte besorgt daran, wie es mit meiner Profikarriere weitergehen könnte – es waren entsetzliche Gedanken.

Mein größter Stolz und meine größte Freude ist heute, dass ich erleben kann, wie Neymar Jr. und Rafaela so viel Gutes widerfährt. Wenn ich das alles erneut durchmachen müsste, würde ich keine Sekunde meines Lebens ändern, kein einziges Detail meiner Lebensgeschichte. Ich danke Gott und den Leuten, die uns bei dem Unfall zu Hilfe kamen, dafür, dass mein Sohn die Kollision überlebt hat. Juninho sagt immer: „Gott hat uns an diesem Tag zur Seite gestanden. Und seit diesem Tag und vorher auch."

ERSTE SPIELE

Mein Vater hat mir den Fußball nahegebracht. Eines Tages, als ich ihn zu einem seiner Spiele begleitete, begann ich selbst, mich ernsthaft mit dem Ball zu beschäftigen und ihm nicht bloß hinterherzulaufen, als sei es nur irgendein Spielzeug.

Mein Vater war ein guter Fußballer. Ich rannte auf der Tribüne hin und her, um das Spiel zu verfolgen. Oder besser gesagt: Ich spielte dort. Ich lief mehr als mein Vater unten auf dem Platz. Ich rannte die Stufen der Tribüne rauf und runter und war gar nicht mehr zu bändigen. Das Lustigste war, dass ich gar keinen Ball hatte. Ich lief eher, als dass ich spielte. Da wurde Betinho auf mich aufmerksam, der sehr erfahrene und kompetente Trainer des FC Santos. Er sah mich dort laufen, und es gefiel ihm. Er glaubte damals, dass ich das Zeug zum Fußballspieler hatte oder dass es zumindest auf einen Versuch ankam, und sprach mit meinen Eltern. Dass er meinen Vater überzeugen konnte, mit ihm zu trainieren, war der eigentliche Anstoß. So begann alles. Betinho half mir von Anfang an und unterrichtete mich, was ausgezeichnet war. Er und mein Vater brachten mich auf den richtigen Weg und halfen mir dabei, der zu werden, der ich heute bin. Wie viele

Talente erfüllten die in sie gesetzten Erwartungen nicht, weil es ihnen an Orientierung fehlte? Das hört man immer wieder, und es stimmt: Es gibt viele, die Potenzial haben, aber keine Fußballspieler werden, weil niemand ihnen hilft, ihre Begabung weiterzuentwickeln.

Ich hatte das große Glück, mit meinem Vater einen Lehrmeister in unmittelbarer Nähe zu haben. Und ich hatte Trainer wie Betinho, die meine Stärken erkannten und förderten und meine Fehler korrigierten. Die Bescheidenheit zu besitzen, denen zuzuhören, die mehr wissen und mehr erlebt haben als man selbst, ist für den Lernerfolg notwendig. Erfahrung ist wesentlich im Leben.

Ich hatte das große Glück, mit meinem Vater einen Lehrmeister in unmittelbarer Nähe zu haben. Und ich hatte Trainer wie Betinho, die meine Stärken erkannten und förderten und meine Fehler korrigierten.

Aber auch Improvisieren ist beim Fußball wichtig, das habe ich bereits als kleiner Junge beim Futsal gelernt. Zwar kann man alle wichtigen Sachen im Kopf haben und abseits des Spielfelds trainieren, aber erst auf dem Platz wird all das umgesetzt. Oder eben nicht. Man braucht ein gewisses Gespür, um immer den richtigen Zeitpunkt für jede Aktion zu erkennen. Vieles, was ich beim Futsal tat und auch später als Profi ausprobierte, wurde aus dem Augenblick heraus geboren, es geschah durch die Lust am Risiko. Das Geheimnis dabei ist aber, dass man Improvisieren trainieren kann. Wie oft habe ich das zu Hause gemacht! Ich nahm den Ball, kippte ein paar Stühle und den Tisch um und legte los – ich umdribbelte die Hindernisse, um zu trainieren und zu lernen.

Meine ganze Kindheit verbrachte ich mit meinen Eltern im Hause meines Großvaters Ilzemar. Ich schlief mit meinen Eltern und meiner Schwester in einem Zimmer. Wenn man ins Zimmer kam, dann gab es dort eine Matratze auf der linken Seite, auf der wir vier schliefen. Vor der Matratze standen eine Truhe, in der wir unsere Sachen unterbringen konnten, und ein Schrank. Zwischen dem Schrank und der Matratze gab es etwas Platz. In diesem schmalen Spalt spielte ich mit dem Ball und auch auf der Matratze. Mein Fußballfeld waren dieser enge Raum und die Matratze. Ich spielte gerne dort und warf mich aufs Bett, wenn ich der Torwart war. Da der Platz begrenzt war, spielte ich gerne Torwart, aber nur in diesen ersten Trainingsspielen im Hause meines Großvaters.

Auch meine Cousinen spielten Fußball. Das heißt, na ja, sie machten mit. Jeniffer und meine Schwester Rafaela waren die Torpfosten. So ging das lange Zeit. Lorrayne und Rayssa waren die Gegner oder so eine Art Stehaufmännchen. Meine Cousinen waren Hindernisse, manchmal trugen sie sogar die Trikots der Mannschaften. So konnte ich mir leichter vorstellen, dass es sich um echte Gegner handelte.

Neulich war ich bei einem Fotoshooting für eine Werbekampagne. Wie immer habe ich danach um den Ball gebeten, den wir für die Fotos verwendet hatten. Ich jonglierte ihn bis zum Aufzug. Es war niemand drin, also machte ich weiter bis zum Erdgeschoss, wo ich auf zwei Jungs stieß, die um Autogramme baten. Ich machte eine kurze Pause, weil mich jemand fotografieren wollte, und schon hatte ich wieder den Ball am Fuß und jonglierte ihn in Richtung Auto. Ehrlich gesagt, ich kann nicht ohne Ball leben. Seit ich im Haus meines Großvaters lebte, seit ich ein kleiner Junge war. Im Häuschen, das mein Vater später in Praia Grande, im Viertel Jardim Gloria, baute, gab es ein klasse Fußballfeld. Eines der beiden Tore war die Hintertür, das andere befand sich im Schlafzimmer. Hier spielte ich, hier trug ich meine Meisterschaften aus. Ich nahm den Ball und legte los. Ich kommentierte jeden meiner Schüsse – ich spielte, kommentierte und ahmte die Anfeuerungsrufe der Fans nach. Ich schoss Neymar-Tore. Neymarzinho-Tore. Neymarzinho, das war ich!

Das alles fehlt mir sehr ... Es gab sogar Fouls! Wenn ich losdribbelte und am Sofa hängen blieb, beschwerte ich mich beim Schiedsrichter. Klar, dass der Schiri nur in meiner Vorstellung existierte, aber ich spielte, als wäre alles echt.

Mein Training bestand auch darin, dass ich mir einen sehr kleinen Ball schnappte und ihn gegen die Wand schoss. Immer und immer wieder. Wenn mein rechter Fuß, mein Lieblingsfuß, müde war, nahm ich den linken. Dann begann ich mit dem rechten Oberschenkel, es folgte der linke. Danach kam die Brust dran. Anschließend übte ich die Ballbeherrschung mit dem Kopf. Ich trainierte nicht nur Kopfbälle aufs Tor, sondern lernte auch, den Ball auf dem Kopf zu balancieren. Das war nicht einfach, aber es machte Spaß. Fast unbemerkt wurde ich besser, spielerisch lernte ich mehr hinzu.

Auch das Fußballspielen am Strand half mir. Wann immer es möglich war, fand mein Vater etwas Zeit, um mit mir eine Runde zu kicken. Er berührte meinen Fuß und sagte: „Genau hier musst du den Ball treffen." Ich legte los und probierte es. Wo er meinen Fuß berührt hatte, musste ich den Ball treffen.

Nur einmal baute ich Mist. Mein Vater wollte ein richtig gutes Spielfeld bei uns zu Hause anlegen. Er stampfte das Erdreich fest und bereitete dann einen schönen Rasen vor. Sofort lud ich meine Freunde ein, um nachmittags gemeinsam eine Runde zu kicken, doch es hatte geregnet und der Rasen war noch nicht fertig. Das Ergebnis: Wir kriegten den Rasen klein. Es war abzusehen, dass mein Vater von der Arbeit kam und mir wegen des ganzen Schlamms die Ohren lang zog. In solch einem Moment muss man sich im Zaum halten oder vielleicht auch das Gegenteil, keine Ahnung. Ich kann mich nur erinnern, dass ich zwei Wochen lang früher schlafen gehen musste. Wenn mein Vater nach Hause kam, schlief ich immer schon. Theoretisch.

Ich ruinierte aber nicht nur den Rasen meines Vaters, ich machte auch gerne einen auf Vereinsboss. Ich organisierte Turniere, stellte Mannschaften und Ligen zusammen. So begann ich ausgedachte Spiele und Turniere zu gewinnen – mit Ausscheidungsrunden, Halbfinale, Finale – und träumte davon, dass dies alles eines Tages wahr würde.

Mein Spielfeld in Praia Grande werde ich nie vergessen. Meinen Strand. Und wie die Haustüren der Nachbarn litten! Das waren nämlich auch unsere Tore. Und die Blumentöpfe meiner Mutter ... Das Blöde war, dass sie mich wirklich ausschimpfte, und sie hatte ja recht. Es machte sie wahnsinnig, wenn ich überall im Haus alles abschoss, was nicht niet- und nagelfest war. Denn nicht immer zielte ich besonders gut. Man kann sich vorstellen, wohin das führte.

Mein Spielfeld in Praia Grande werde ich nie vergessen. Meinen Strand. Und wie die Haustüren der Nachbarn litten!

Meine Mutter war immer sehr lieb zu mir und kümmerte sich um alles. Sie ermahnte mich zwar regelmäßig und konnte auch streng sein, aber sie hat mir nie verboten, Fußball zu spielen. Ganz im Gegenteil: Sie hat mich immer genauso unterstützt wie mein Vater. Ihr Vater, mein Opa Arnaldo, war auch Fußballspieler gewesen, leider habe ich ihn nicht mehr kennengelernt. Aber er muss eine Kämpfernatur gewesen sein, wie meine Mutter. Sie hat immer alles für uns getan. Sie ließ mich nicht nur im Haus spielen, sondern brachte mich auch zum Training, wenn mein Vater mal länger arbeiten musste. Auch in diesem Punkt hatte ich großes Glück. Meine Eltern taten alles für mich, damit ich glücklich war. Ohne sie würde es dieses Buch gar nicht geben. Die ganze Geschichte wäre einfach ein weiterer unerfüllter Kindheitstraum geblieben.

EHRLICHE ARBEIT

Juninho liebt nicht bloß den Fußball – seine eigentliche Liebe gilt einem konkreten Objekt: dem Ball. Es ist sagenhaft, er liebt Bälle über alles. Ich finde, dass er eher ein Ballspieler als ein Fußballer ist. Eine wichtige Voraussetzung, um ein richtig guter Fußballer zu werden. Man muss den Ball lieben, ihn respektieren und bewundern. Nur wer sein Handwerkszeug kennt, wird ein guter Profi. Und wer sein Handwerkszeug liebt, der probiert alles aus, was sich damit anstellen lässt.

Normalerweise sind Kinder nicht fußballverrückt, nein, sie sind verrückt nach dem Ball. Sie spielen im Wohnzimmer, im Garten, überall. Es ist ihnen völlig egal, ob Platz da ist oder ob etwas zu Bruch gehen könnte. Ein Kind will den Ball, der zunächst nicht mehr als ein Spielzeug darstellt und erst später eine ernsthaftere Bedeutung bekommen kann. So erging es meinem Sohn.

Wer Fußball spielt, erkennt einen guten Spieler am ersten Ballkontakt. Mário Américo, der lange Zeit Masseur der

Seleção war, als der brasilianische Fußball sein goldenes Zeitalter feierte, sagte: „Den Topspieler erkennt man am Gang." Dass Neymar Jr. Talent hatte, sah ich bereits, bevor er laufen konnte. Schon an seiner Art zu krabbeln konnte ich es erkennen.

Dass Neymar Jr. Talent hatte, sah ich bereits, bevor er laufen konnte. Schon an seiner Art zu krabbeln konnte ich es erkennen.

Als er drei Jahre alt war, bemerkte ich, dass die Sache ernster wurde, als ich zunächst gedacht hatte. Juninho schoss den Ball präzise zurück, wenn ich ihn zu ihm spielte. Für ihn war das kein gewöhnliches Spielzeug, er behielt ihn nicht einfach für sich. Normalerweise ist ein Kind sehr auf den Ball fixiert, möchte ihn behaupten, einen Anspruch darauf anmelden. Manche nehmen ihn sogar in die Hände. Juninho nicht. Er spielte Fußball. Mithilfe des Balles wollte er mit seinem Gegenüber kommunizieren. Auf diese Weie verständigte er sich. Ihm war früh klar, dass er einen Mitspieler brauchte, um sich zu messen, und er lernte schnell und intuitiv. Schon bei seinen ersten Spielen sah man, dass er anders war – nicht nur, weil er viel Geschick hatte, sondern auch, was das Spielverständnis angeht. 21 Bengel jagen wie wild hinter einem Ball her, und er wartet ganz geduldig und konzentriert auf die beste Chance, den günstigsten Moment.

Ich erkannte seine Begabung und brachte ihn dazu, ein paar schwierigere Pässe anzunehmen, harte Pässe, schiefe Pässe, um die Ballbeherrschung zu trainieren. Der Junge kontrollierte den Ball und spielte ihn sicher zurück. Juninho machte alles richtig, ich brauchte ihm gar nichts zu erklären. Er wusste, was er mit dem Ball anstellen musste und wohin er ihn schießen sollte. Als Profi war ich Rechtsaußen. Dribbeln konnte ich richtig gut, aber ich war kein begnadeter Torschütze. Im Laufe meiner Karriere schoss ich nur wenige Tore, auch deshalb, weil ich kein Linksfuß war. Der linke Fuß diente für mich nur dazu, in den Bus zu steigen, wie man hier sagt. Oder nicht einmal dazu. Bei Neymar Jr. war es anders. Von klein auf spielte er beidfüßig und ließ sein Potenzial früh aufblitzen.

Er liebte den Fußball so sehr, dass er begann, Bälle zu sammeln. Es waren irgendwann mehr als 50, verteilt im ganzen Haus. Gute, schlechte, neue, alte, bei einigen war die Luft raus, andere waren prall gefüllt. Die Bälle, die nicht mehr ins Bett hineinpassten, lagen im Wohnzimmer herum. Juninho hatte einen Sack voller Bälle und liebte sie alle. Die kleinen, mit denen das Spiel schwieriger war, die schwerer zu beherrschen waren, die mochte er am liebsten. Ich erinnere mich nicht genau daran, wann ich zum ersten Mal Fußball spielte. Juninho geht es genauso. Aber wenn wir etwas unbedingt wollen und, seit wir denken können, davon träumen, dann kann man ruhig behaupten, dass wir es schon immer getan haben. Und das gilt für ihn und den Fußball.

Ich hatte dieselbe innige Beziehung zum Ball wie Juninho, doch sie wurde durch den Autounfall im Juni 1992 erschüttert. Da ich danach ein Jahr lang praktisch nicht gehen konnte, verkürzte sich meine Profilaufbahn, und 1997 war endgültig Schluss. Ich wurde mit Operário aus Várzea Grande Regionalmeister des Bundesstaates Mato Grosso. Im Finale gewannen wir gegen União de Rondonópolis 2:1. Das war am 3. August 1997. Wir feierten ausgiebig und kurz danach beendete ich meine Karriere.

Anfang 1998, nur sechs Monate nach meinem letzten Titelgewinn in einer Staatsmeisterschaft, nahm ich in Santos an einem Auswahlverfahren der Straßenbehörde, der Companhia de Engenharia de Tráfego (CET), teil. Weil ich schon immer ein Fan von Autos war und in der Werkstatt meines Vaters gearbeitet hatte, fand ich, dass die CET ein idealer Arbeitsplatz für mein Leben nach dem Fußball sein könnte.

Ich schaffte das Auswahlverfahren und bekam eine Stelle, doch die hatte mit allem Möglichen zu tun, aber nichts mit Autos. Ich bekam einen Posten als Hilfsmaurer und für andere Aushilfstätigkeiten, arbeitete auf Baustellen für die Stadt Santos. Die CET war dabei, die Bushaltestellen umzubauen – also baute ich an neuen Unterständen für Fahrgäste an den Haltestellen mit. Ich brachte die Gehsteige in Ordnung, pflasterte Straßen, setzte Pfosten ein und so weiter. Das war wirklich nicht das, was ich mir vorgestellt hatte, aber es war das Einzige, was ich im ersten Halbjahr 1998 machen konnte.

Nach vier Monaten harter Arbeit bekam ich eine bessere Stelle. Die CET vergab die Instandhaltung der Fahrzeuge an Drittanbieter. Da ich was von Motoren verstand, half ich als Urlaubsvertretung meines Freundes Juvenal aus. Die Probezeit verlief gut, und bald begann ich, mich um die Motorräder der Militärpolizei und der CET zu kümmern. Ich verließ die Firma 2009, damals war ich Leiter der für die Instandhaltung der Fahrzeuge zuständigen Abteilung. Ich gab meine Arbeit auf, um mich von nun an nur noch um die Belange meines Sohnes zu kümmern. Mich trieb die Hoffnung an, dass seine Karriere besser verlaufen würde als meine – bei mir ging der Abstieg vom Fußballprofi zu einem Pflasterarbeiter außerordentlich schnell.

Beides sind natürlich ehrenhafte Arbeiten, aber sie sind eben auch grundverschieden. Irgendwie musste ich mich durchschlagen. Mit dem Mindestlohn, den ich bekam, konnte ich uns immerhin Essen auf den Tisch bringen. Zusätzlich verkaufte ich Wasserfilter von Panasonic, um mein Einkommen aufzubessern. Unglaublicherweise ist einige Jahre später ausgerechnet Neymar Jr. Testimonial dieser Marke. Wer hätte das gedacht?

Beides sind natürlich ehrenhafte Arbeiten, aber sie sind eben auch grundverschieden. Irgendwie musste ich mich durchschlagen. Mit dem Mindestlohn, den ich bekam, konnte ich uns immerhin Essen auf den Tisch bringen.

Ich habe hart für meine Familie gearbeitet. Als Sportler konnte ich nie große Sprünge machen, aber ich konnte meinem Sohn helfen, seinen Traum zu verwirklichen. Gott sei Dank war mir das Glück immer zugewandt und dank meines großen Freundeskreises bin ich ein sehr zufriedener Mensch. Ich habe überall Leute, die mir geholfen haben und denen ich umgekehrt auch Hilfe angeboten habe.

Als ich 1998 bei der CET anfing, nahm ich noch ein paar andere Aushilfsjobs an, um über die Runden zu kommen. Am Wochenende zum Beispiel machte ich Transporte mit einem alten Kombi. Wenn ich durch die Kurve fuhr, dann mussten die Leute auf der Rückbank die Türen festhalten, damit sie nicht aufgingen … Auf diese Weise freundete ich mich mit zwei Männern an, die mich schließlich in zwei Amateurvereinen in Praia Grande vorstellten. Einer der beiden, Toninho, arbeitete beim Zoll und hatte ein Team im Jardim Real. Der andere, Jura, war Bauunternehmer und Eigentümer eines Vereins im Jardim Melvi.

Ich hatte ein Grundstück in Praia Grande, 12 mal 30 Meter, mitten in der Stadt, und träumte davon, darauf ein Häuschen für meine Frau und meine Kinder zu bauen. Das Grundstück war alles, was noch von dem Geld übrig war, das ich als Profifußballer verdient hatte. Als Besitzer der Kaufurkunde war ich der rechtmäßige Besitzer, aber mir fehlte Geld für Baumaterialien. Ich hatte keinen Schimmer, wie ich es hinbekommen sollte.

Aber ich hatte Freunde, die mir unter die Arme griffen. Toninho organisierte das Material, alles, was ich brauchte. Jura fand die Bauarbeiter. Alles im Tausch gegen mein

Talent als Fußballspieler in ihren Mannschaften. Samstags spielte ich für den einen Verein, sonntags für den anderen. Auf diese Weise konnte ich das Haus meiner Träume in Praia Grande bauen. Die beiden halfen mir damals sehr, und sie unterstützen mich auch heute noch.

Ich habe schwierige Zeiten durchgemacht. Es gab Monate, da wurde uns der Strom abgestellt, weil wir nicht genug Geld hatten, die Rechnungen zu bezahlen. Juninho und Rafaela hatten ihren Spaß daran. Anders als wir Erwachsenen warteten sie sehnsüchtig auf die Abenddämmerung, wenn wir die Kerzen anzünden mussten. Sie fanden das aufregend, liefen durch das ganze Haus und hatten ihren Spaß. Mir war bewusst, dass wir in unserem Haus ohne Strom eine Sache hatten, die unbezahlbar ist: Liebe. So gründet man eine Familie, so hat man ein gutes Leben. Mit Liebe. Mit Zärtlichkeit. Mit Partnerschaft und Geduld. Dass wir kein Geld hatten, schweißte unsere Familie noch enger zusammen. Wir waren glücklich.

Mir war bewusst, dass wir in unserem Haus ohne Strom eine Sache hatten, die unbezahlbar ist: Liebe.

Auch in meiner Zeit bei der CET wurde ich hin und wieder eingeladen, das zu tun, was ich über alles liebte: Fußball spielen. Doch das war ein ziemliches Risiko. Ich hätte meine Arbeit und damit auch mein Gehalt verlieren können. Das war nichts mehr für mich, es gab kein Zurück mehr. Nein sagen zu müssen tat noch mehr weh als die körperlichen Schmerzen beim Training und während der Spiele, doch ich musste realistisch sein, an das Geld und an meine Familie denken. Es gab keine Alternative. Manchmal kam ich weinend von der Arbeit nach Hause – nicht weil die Arbeit so mies war, sondern weil ich begriff, dass ich nie mehr Profifußballer sein würde. Ich stand nirgendwo mehr auf dem Platz. Ich musste Geld verdienen und mich auf andere Weise durchkämpfen, für mich und meine Familie. Für jemanden, der es hasst zu verlieren, ist es noch härter, nicht einmal eine Chance zu bekommen. Ich hatte das Recht verloren, ein Fußballspiel zu verlieren.

Das Spiel des Lebens kann grausam sein, aber man darf niemals aufgeben. Man darf nie aufhören zu träumen. Ich träume noch immer, und ich erlaube meinen Kindern, dasselbe zu tun.

SANTOS, IMMER WIEDER SANTOS

Seit meinem sechsten Lebensjahr sah ich meinen Vater bei Amateurturnieren spielen. Er war fixiert auf den Sieg und spielte immer sehr konzentriert. Durch ihn habe ich etwas Wichtiges gelernt: Um gute Ergebnisse zu erzielen, muss man das Training ernst nehmen und bei allen Spielen vollen Einsatz zeigen.

Als kleiner Junge habe ich nicht einfach mit dem Ball herumgespielt, sondern gelernt, dass es auch darauf ankommt, Verantwortung zu übernehmen und den Gegner zu respektieren. Mein Vater sagte mir immer: „Beweg dich richtig, mein Sohn. Lauf in alle Richtungen, lass den Gegner müde werden, bleib nicht stehen. Ruh dich nicht aus, sonst machst du es dem Angreifer zu leicht." Er machte mir klar, dass sich viele Spieler, auch wenn sie technisch sehr gut waren, in inkonsequenten Dribblings verlieren. Sie machen Querpässe, wirbeln ein wenig im Mittelfeld herum, aber ein guter Torschuss? Dazu kommt es nicht. Wenn man es übertreibt, wirkt sich das in der Regel sehr negativ auf das Spiel aus. Das gefällt den Teamkollegen nicht, zieht die Kritik des Trainers und den Ärger der Fans nach sich.

Ich weiß, wie das ist, und auch ich leide darunter. Als Fan und als Spieler. Um zu gewinnen, muss man sich anstrengen. Fußball ist mehr als ein Spielchen mit Freunden am Strand. Man muss den gleichen Spaß dabei haben, als spielte man mit seinen Freunden, aber gleichzeitig wissen, dass der Profifußball seine besonderen Regeln hat. Wir haben wahnsinnig viele Fans. Der Verein hat eine 100-jährige Geschichte und schafft die erforderlichen Bedingungen. Und dann musst du auch noch an die Sponsoren und Partner denken, die an deine Arbeit glauben und sie unterstützen.

Glücklicherweise hatte ich beste Bedingungen, seit ich beim FC Santos zu spielen begann. Zito, der in den 1950er- und 1960er-Jahren bei Santos gespielt hat, brachte mich zum Verein. Nachdem ich bei Gremetal und Tumiaru in São Vicente gespielt hatte, sah mich Zito Futsal spielen und tat alles, um mich von Portuguesa zum FC Santos zu bringen. Ich werde ihm ewig für sein Vertrauen dankbar sein. Zito war immer da und hat mir geholfen – nicht nur mir, sondern meiner ganzen Familie. Er öffnete uns die Türen zum Vila Belmiro.

Zwischen meinem siebten und meinem zwölften Lebensjahr spielte ich Futsal, auf dem großen Platz begann ich erst später. Obwohl ich eher klein und schmächtig war, spielte ich schon als Kind immer in der nächsthöheren Klasse. Das war ideal, denn so sammelte ich Erfahrungen. Aber überall gab es ein paar größere Spieler, die die Altersgrenze schon überschritten hatten. Das waren die berühmten „Gatos". Sie spielten ruppig und wollten die Jüngeren einschüchtern. Wir rissen Witze und sagten, dass da die Kinder einiger „U15-Spieler" auf der Tribüne säßen.

In dieser Zeit gab es immer einen Mannschaftskameraden oder Trainer, der mir half. Lima, der große Allrounder in Pelés Mannschaft und unser Vereinsmanager, sprach mit mir und meinem Vater darüber. Ich erinnere mich, dass er mich einmal nach dem Spiel fragte, ob alles in Ordnung sei, da ich von einem Typen aus der gegnerischen U15, der bestimmt schon über 30 war, so einiges hatte einstecken müssen. Eigentlich war das amüsant, aber es machte mir auch zu schaffen.

Als ich damals zum Verein kam, gab es beim FC Santos keine U13-Mannschaft wie heute. Das war eine Idee von Zito gewesen. Das Team wurde ins Leben gerufen, damit ich und andere Nachwuchsspieler optimal im Verein ausgebildet werden konnten. Das war in jeder Hinsicht eine fantastische Idee, denn von diesem Augenblick an bekam ich auch ein kleines Gehalt und konnte meiner Familie etwas zurückgeben.

Von diesem Augenblick an bekam ich auch ein kleines Gehalt und konnte meiner Familie etwas zurückgeben.

Zu Beginn, mit ungefähr sieben Jahren, bekam ich eine sogenannte Cesta Basica, das war eine Art Geschenkkorb mit ein paar Grundnahrungsmitteln. Wenn die Schulen dazu finanziell in der Lage waren, boten sie Stipendien an. Das Beste daran: Wir erhielten alles doppelt. Mein Vater war so geschickt im Verhandeln, dass er alles gleich für mich und meine Schwester bekam. Darin war er schon immer spitze. Sogar das Benzin für Betinho organisierte mein Vater, schließlich war unser Trainer lange Zeit auch mein Fahrer. Da meine Eltern arbeiten mussten, fuhr mich Betinho nach Santos und holte mich auch wieder ab. Auch andere Spieler, die in der Nähe wohnten, nahm er mit. Der Mann hat sich wirklich um uns gekümmert. Nach einem trainingsreichen Tag sagte er immer zu uns Steppkes: „So, jetzt müsst ihr euch aber mal ausruhen, verstanden?" Na klar, ich muss wohl nicht erwähnen, dass meine Freunde und ich nur darauf warteten, dass Betinho die Fliege machte, damit wir auf der Straße noch eine Runde Fußball spielen konnten oder zu Hause, wo es gerade ging. Manchmal auch dort, wo es nicht ging.

Die Investition des Vereinspräsidenten Marcelo Teixeira ins Nachwuchsleistungszentrum des Vila Belmiro war für meinen Verbleib beim FC Santos ausschlaggebend. Hier wurden viele große Talente entdeckt. Es gibt nichts Besseres, als dort zu spielen, wo man gerne ist. Ich fühlte mich beim FC Santos sehr wohl, schon mit elf Jahren habe ich dort angefangen. Das war mein Zuhause. Ich musste nichts anderes tun, als mit dem Ball zu spielen. Alle waren darum besorgt, dass ich glücklich war, denn meine Tage waren vollgepackt mit Training, Spielen, Reisen und Schule. Mein Vater unterstützte mich zwar, wo er konnte, doch er arbeitete damals noch bei der CET. Ich brauchte also jemanden, der sich zu Hause um mich kümmerte. Durch die finanzielle Unterstützung des Vereins konnte meine Mutter schließlich aufhören zu arbeiten und mich betreuen.

Ich fühlte mich beim FC Santos sehr wohl, schon mit elf Jahren habe ich dort angefangen. Das war mein Zuhause.

Santos war für mich der beste Verein der Welt, und dasselbe fühle ich auch für die Seleção. Sie ist die beste Nationalmannschaft überhaupt. Genau dieses Gefühl werde ich auch beim FC Barcelona haben. Eine der wichtigsten Tugenden, die der Fußball vermittelt, ist der Gemeinschaftssinn. Die Devise „Alle für einen, einer für alle" und 11.000 Fans im Stadion, die einen anfeuern.

Dieses Gefühl des Zusammenhalts – diese echte Leidenschaft und Begeisterung – betrifft eigentlich noch mehr die Fans als die Profispieler. Mein Vater sagt immer, dass ich nicht nur ein Spieler bin, sondern auch ein Fan. Ich fühle das auf dem Platz ganz deutlich, und das ist wunderbar. Ich will immer versuchen, noch mehr für den Verein zu geben, den ich so liebe wie sein größter Fan. Sowohl beim FC Santos als auch in Barcelona stand es immer im Vordergrund, die Spieler aus den eigenen Reihen zu fördern, die Nachwuchskräfte, die im Verein heranwachsen und sich entwickeln konnten. Dadurch entstehen Freundschaft und Teamgeist, was die besten Bedingungen dafür schafft, dass sich die Spieler auf und neben dem Platz gut verstehen.

Wenn man für den Verein spielt, den man wirklich liebt und mit dem sich identifiziert, dann will man nicht bloß Spiele gewinnen. Man spielt für unsere Leute, für jeden einzelnen Fan, für den ganzen Verein. Dadurch wird alles viel emotionaler. Man will nicht nur den Sieg, man will überzeugen und die Fans begeistern. Große Mannschaften siegen nicht bloß, ihr Spiel ist schön anzusehen, und das sogar für Nichtfans. Dies gebührt nicht zuletzt dem Teamgeist. Das ist so wie hausgemachtes Essen – es schmeckt einfach besser, es ist raffinierter gewürzt und mit mehr Liebe gemacht. Dieses Rezept führt zu herausragenden Ergebnissen. So war es mit mir und dem FC Santos, und ich hoffe, dass es auch bei meinem neuen Verein ähnlich wird. In meinem neuen Zuhause.

REAL MADRID

Geld duldet keine Leichtfertigkeit. Man muss es richtig anlegen. Deshalb kümmere ich mich sorgfältig um die Finanzen meines Sohnes und halte ihn da raus, damit er sich ganz auf den Sport konzentrieren kann. Neymar Jr. muss Fußball spielen, ich übernehme die bürokratischen Dinge. Er soll sich überhaupt nicht darum kümmern, wie viel Geld er verdient. Das mache ich. Ich tue alles dafür, dass er sich nicht nur auf dem Platz weiterentwickelt, sondern auch außerhalb des Spielfelds immer erfolgreicher wird.

Diese Strategie hat nichts mit Habgier zu tun, sondern mit Verantwortungsbewusstsein. Ich will einfach nur das Beste für meinen Sohn, für seine Familie, für unsere Familie, und deshalb setze ich mich so für ihn ein, wie er sich für uns einsetzt. Als er 2009 begann, in der A-Mannschaft des FC Santos zu spielen, und alle sehr an ihm interessiert waren, habe ich ihm ein bisschen stärker auf die Finger geschaut. Über alles, was er verdiente, und alles, was er ausgab, wusste ich Bescheid. Manchmal machte ich mir einen

Spaß daraus – ich meine das ernst – und gab ihm zehn Reais, damit er sich ein Eis kaufen konnte. Vermutlich war es etwas mehr, aber nicht viel.

Als Fußballer muss man realistisch bleiben und Vernunft walten lassen, damit man sich nicht von dem vielen Geld, das man während eines so kurzen Zeitraums des Lebens verdient, verführen lässt. Man muss sehr sorgfältig auf seine Ausgaben achten. Neymar Jr. hat einen Vertrag mit dem Verein, seit er elf ist. Diese Anerkennung, die Santos meinem Sohn stets entgegengebracht hat, war für uns sehr wichtig. Das Geld spielt da nicht die größte Rolle. Neymar Jr. hätte schon 2006 für Real Madrid spielen können, aber er wollte nicht. Wir wollten nicht.

Als Fußballer muss man realistisch bleiben und Vernunft walten lassen.

Unser Berater Wagner Ribeiro legte uns damals das Angebot des spanischen Vereins vor. Er war uns von Betinho vorgestellt worden. Wagner, ein erfolgreicher Spielerberater, der weltweit respektiert wurde, war von Juninhos Begabung so beeindruckt, dass er schon früh auf ihn setzte. Als mein Sohn zwölf Jahre alt war, suchten wir einen anderen berühmten Berater in seinem Büro auf: den Uruguayer Juan Figer. Er und sein Sohn Marcel betreuten Neymar Jr. von nun an. Wir schlossen den Vertrag und Wagner gab uns jeden Monat etwas Geld.

Es war zwar nicht viel, aber zusammen mit meinem Gehalt von der CET und der Unterstützung des FC Santos, damit Juninho dem Verein treu blieb, verbesserte dieses Geld unsere Lebensqualität enorm, und meine Frau Nadine konnte aufhören zu arbeiten. Neymar Jr. hatte also fortan jemanden, der für ihn kochte, bevor er zum Training ging. Er brauchte sein Mittagessen nicht mehr selbst aufzuwärmen.

Alles lief gut, bis Wagner Ribeiro plötzlich Meinungsverschiedenheiten mit dem FC Santos hatte aufgrund der langen Verhandlungen über den Transfer von Robinho zu Real Madrid. Im Zuge dieser Ereignisse wurden Stimmen laut, dass Juninho nicht länger im Vila Belmiro spielen würde, wenn Wagner unser Agent bliebe. Es war eine schwierige Zeit. Neymar Jr. zeigte im Training und bei den Spielen gute Leistungen, aber man wollte ihn aus dem Verein werfen, nur weil Wagner mit uns zusammenarbeitete? Das war absurd.

Ich fand das nicht richtig, denn Wagner half uns damals sehr. Ich habe viel von ihm gelernt, war oft in seinem Büro. Schon früh hatte er auf meinen Sohn gesetzt und eine Menge für uns getan. Es war ungerecht, diese Zusammenarbeit zu beenden, nur weil man von anderen unter Druck gesetzt wurde. Es war nicht richtig, jemanden im Stich zu lassen, um sich dadurch Vorteile zu verschaffen. Wir hatten überhaupt nichts mit seinen Problemen mit dem FC Santos zu tun, außerdem hatten wir einen Vertrag unterschrieben und daher eine Verpflichtung gegenüber unserem Agenten. Dieses Versprechen galt viel. Mit Loyalität gewinnt man auch außerhalb des Spielfelds, in jedem Bereich des Lebens.

Später, als Neymar Jr. 13 Jahre alt war, setzte Wagner Ribeiro durch, dass er bei Real Madrid vorstellig werden durfte. Wir stiegen zum ersten Mal in ein Flugzeug und verbrachten 19 Tage in Spanien. Das Angebot von Real ähnelte dem, das Barcelona für Messi gemacht hatte, als der noch ein Junge war. Eine Investition in die Zukunft. Sie hätten Neymar Jr. nach Madrid gebracht und er wäre in Spanien aufgewachsen. Als Sportler, als junger Mann. Sie zahlten wahnsinnig gut dafür. Für einen 13-Jährigen!

Nach sechs Tagen in Europa hielten Juninho und ich es nicht mehr aus. Wir kriegten keinen Bissen mehr hinunter, alles schmeckte gleich – oder sagen wir mal: Alles war anders, als wir es gewohnt waren. In einer solchen Situation ist ein Vater gefragt. Ich konnte das Heimweh aushalten, ich habe schon viel in meinem Leben durchgemacht, ich war ein erwachsener Mann. Aber mein Sohn war 13 Jahre alt. Für mich war er, wie wohl für jeden Vater, immer noch ein Baby, und das wird er auch bleiben. Ihn in Europa zu lassen, verdiente er dort auch noch so viel Geld, mit der Möglichkeit, noch Großartigeres zu schaffen, hätte ihn traumatisieren können.

Es gibt Augenblicke im Leben, da muss man sehr genau nachdenken, man muss vorausdenken, die Sache abwägen. Hier musste ich einen Entschluss fassen, als Vater und als Berater. Jede Entscheidung hat gute und schlechte Seiten. Es gibt nichts, was zu 100 Prozent richtig oder falsch ist. Man muss eine Balance finden und begreifen, dass wir manchmal gar nichts verlieren – wir verzichten nur darauf, etwas zu gewinnen. Das sollte man sich immer vor Augen führen, denn es gilt für alle Lebensbereiche.

> Ihn in Europa zu lassen, verdiente er dort auch noch so viel Geld, mit der Möglichkeit, noch Großartigeres zu schaffen, hätte ihn traumatisieren können.

So war das, als wir nach Madrid fuhren. Damals, als Juninho 13 war, haben wir darauf verzichtet, dort zu leben. Aber angesichts dessen, was er von da an beim FC Santos und in Brasilien erreicht hat und was er jetzt in Barcelona erreichen wird, muss man sagen: Es hat sich gelohnt! Wenn ich die Vergangenheit noch einmal Revue passieren lasse, wird mir klar, dass wir die richtige Entscheidung getroffen haben.

Es ist nicht einfach gewesen, Nein zu sagen. Schon am ersten Tag hatten sie Juninho zum Training geschickt, und er spielte gleich groß auf. In 19 Tagen hat er 27 Trainingstore geschossen. Nach drei Tagen war alles abgemacht, der Vertrag war fertig, alles schien perfekt. Sogar die Schule für Neymar Jr. und Rafacla. Es fehlte nur noch die Unterschrift seiner Mutter. Nadine hatte schon ihr Flugticket, um mit mir und Juninho nach Spanien zu fliegen, doch dann zog sie es doch vor, bei Rafaela in Santos zu bleiben.

Kurze Zeit später, nicht einmal eine Woche war vergangen, schien Juninho nicht glücklich zu sein. Er hatte Heimweh. Nach unserer Familie, nach den Freunden, der Schule, unserer Stadt und nach dem Santos Futebol Clube. All das fehlte ihm schrecklich. Das Essen war gut, aber wir hatten

Sehnsucht nach Reis und Bohnen. Kein Geld der Welt kann das wettmachen. Ich sah, wie Neymar Jr. von Tag zu Tag trauriger wurde. Die Lage gestaltete sich immer schwieriger. Auch wenn uns alles leicht gemacht wurde, wurde mir klar, dass es einfach nicht der richtige Zeitpunkt war. Juninho war einverstanden. Und so machten wir es dann. Wir blieben in Santos. Wir haben unser Herz entscheiden lassen.

Ich wollte nichts davon wissen, wie viel Geld wir uns durch diese Entscheidung durch die Lappen gehen ließen. Das bedeutete mir nichts. Mir war nur wichtig, dass mein Sohn weiterhin Freude daran hatte, Fußball zu spielen. Er war in Spanien nicht glücklich. Kein Geld in Madrid oder dem Rest der Welt reichte aus, um das Glück meines Sohnes zu kaufen.

Unsere Entscheidung fiel so aus, weil Juninho es wollte. Als sein Vater verstand ich seine Situation und informierte Wagner Ribeiro und Zito über unsere Rückkehr. Auch der damalige Cheftrainer bei Santos, Wanderley Luxemburgo, wollte, dass Juninho blieb. Er hatte 2005 bei Real Madrid gearbeitet. Er rief Wagner an und überzeugte den Vereinspräsidenten Marcelo Teixera, auf den Verbleib von Juninho im Vila Belmiro zu setzen.

Kein Geld in Madrid oder dem Rest der Welt reichte aus, um das Glück meines Sohnes zu kaufen.

Wir waren uns sicher, dass im Laufe seiner Karriere weitere Angebote kommen würden. Die Zeit war einfach noch nicht reif. Mir wurde klar, dass Neymar Jr. erst mehr

Erfahrungen beim FC Santos sammeln und in seinem Heimatland Fußball spielen musste. Eines Tages dann würde er nach Europa gehen und dort eine Menge lernen.

Viele Leute haben uns angerufen und kamen, um mit uns zu sprechen, besonders mit mir. Sie fragten mich, ob ich verrückt sei, ein solches Angebot aus Europa auszuschlagen. Einige von ihnen waren überzeugt, dass wir die Chance unseres Lebens vergeben hätten, aber die meisten haben einfach nicht verstanden, dass wir diese Chance doch bereits von Gott bekommen hatten. Als dieser Junge geboren wurde.

Damit wir beim FC Santos bleiben konnten, mussten wir für uns günstigere Bedingungen aushandeln. Wir sprachen also mit dem Vereinspräsidenten Marcelo Texeira, und er lud uns zu einem Meeting in die Universität Santa Cecília ein. Wir redeten miteinander und alles ging klar.

Mit seinen 13 Jahren war Neymar Jr. schon ein sehr erfolgreicher Nachwuchsspieler. Nachdem wir Real Madrid abgesagt hatten, waren wir zu Hause sehr glücklich. Wir konnten aus unserem Häuschen in Praia Grande ausziehen und uns eine bessere Wohnung kaufen. Sic lag dirckt gegenüber dem Vereinsgelände. Der FC Santos blieb unsere Heimat.

Mit seinen 13 Jahren war Neymar Jr. schon ein sehr erfolgreicher Nachwuchsspieler. Nachdem wir Real Madrid abgesagt hatten, waren wir zu Hause sehr glücklich.

Diese ganze Sache war eine glückliche Fügung für uns. Wir sind allen dankbar, die sich für uns eingesetzt und uns geholfen haben. Vor allem Zito. Um die Wahrheit zu sagen: Als Juninho in unserem Häuschen in Praia Grande am Tisch saß und den Vertrag unterschrieb, rechnete ich fest damit, dass Zito alle im Namen des Vereins in die Churrascaria[7] einladen würde. Weit gefehlt … Er aß lieber die Pasteten auf, die noch von Juninhos Geburtstag übrig waren. Von wegen Fleisch – er machte lieber meiner Frau eine Freude. Großer Zito! Er war uns ein lieber Freund. Und er sagte, dass er, wenn er heute gegen Neymar Jr. spielen würde … Nein, das bleibt besser unter uns.

---

7 Eine Churrascaria ist ein traditionelles brasilianisches Restaurant, in dem es vor allem Fleisch gibt.

ICH BIN NEYMAR JR.

Wenn ich mit meinen Freunden zusammen bin, dann fühle ich mich immer noch wie ein kleiner Junge. Natürlich habe ich berufliche Verpflichtungen und bin obendrein Familienvater, seit ich 19 bin, aber oft fühle ich mich wie ein großes Kind. Ich sehne mich danach, wieder auf der Straße zu kicken, gemeinsam mit meinen Freunden zu lachen und Videospiele zu spielen. Das war eine tolle Zeit, die ich dank Gott und meiner Eltern in vollen Zügen auskosten konnte.

Ich wurde als einfacher Mensch geboren und werde auch als solcher sterben. Ich liebe einfaches Essen – richtiges brasilianisches Essen: Reis, Bohnen, Pommes frites und geröstetes Maniokmehl. Braucht man noch mehr? Ja! Seit ich denken kann, liebe ich Kekse und Eis. In meinem Arbeitszimmer steht ein Gefrierschrank, wie aus dem Supermarkt, bis oben hin voll mit Eis. Nur damit man mal einen Eindruck bekommt ...

Bei meinem Äußeren kommt es mir auf Abwechslung an. Ich ändere oft meine Frisur, wechsle die Fußballschuhe, die Accessoires ... Dafür gehe ich mit meinen Trikots eher schlampig um. Ab und zu verspreche ich sie Freunden und werde sie auf diese Weise schnell los. Manchmal vergesse ich sie auch einfach. Ohne meine Mannschaft hätte ich sogar das Trikot verloren, das ich bei meinem Debüt in Barcelona getragen habe. Wenn die anderen nicht meine Sachen mitgenommen hätten, dann wäre alles in der Kabine des Camp Nou liegen geblieben. Auch Pokale habe ich schon verschludert. Den Pokal, den ich bei den Olympischen Spielen in London 2012 bekam, habe ich im Schrank meines Hotelzimmers gelassen. Einen anderen habe ich in Argentinien vergessen, es war der Pokal der Copa América. Ja, ich bin etwas zerstreut.

Nur die Leidenschaft für den Fußball, die vergesse ich nicht. Ich lebe 25 Stunden am Tag für den Fußball. Ich spiele selbst oder sehe zu. Meine eigenen Spiele schaue ich mir gerne an, um Fehler zu korrigieren und um später an das anzuknüpfen, was gut lief. Auch gute Pässe anderer Spieler sehe ich mir gerne an und versuche sie nachzuahmen. Beim Freestyle[8] schaue ich mir gerne etwas ab, um meine Pässe und Dribblings zu verbessern. Man muss sich genau an die eigenen Szenen, Tore und Spiele erinnern, um sich weiterentwickeln und verbessern zu können. Das ist wichtig.

In meiner Freizeit mache ich im Grunde dasselbe wie schon als kleiner Junge, ich habe immer noch dieselben Hobbys. Ich bin kein Typ für große Veränderungen. Wenn ich freihabe und mich entspannen möchte, dann kommt es darauf an, wie es auf dem Platz gelaufen ist. Wenn meine Mannschaft verloren hat oder ich nicht gut gespielt habe, dann verkrieche ich mich am liebsten zu Hause, spiele Billard oder Karten oder mache Videospiele. Ich will dann nicht gestört werden. Wenn meine Freunde mich nicht besuchen können, dann spielen wir online gegeneinander. In solchen Momen-

8 Beim Freestyle-Fußball wird der Ball mit verschiedenen Körperteilen jongliert und in der Luft gehalten – eine trickreiche artistische Show.

ten braucht man Ruhe und Ablenkung. Wenn meine Mannschaft allerdings gewonnen hat, ist die Freude groß. Dann gehe ich gerne mit Freunden tanzen, wir hören Musik und haben Spaß. Ich mag jeden Musikstil: Funk, Pagode,[9] brasilianische Countrymusik, Black Music, Gospel – alles, was so gespielt wird. Ohne Musik könnte ich nicht leben. Meine Tante ist Sängerin, mein Onkel macht ebenfalls Musik. Meine Oma, mein Opa, in meiner Familie lieben alle die Musik. Sie mögen vor allen Dingen Samba und Pagode. Ich mag alles.

Hin und wieder werde ich gefragt, was es denn mit diesem „é toís" auf sich hat, von dem wir immer sprechen. Es war ein Freund, der Schwager von Gabriel, Flügelspieler bei Internacional, der die Sache ins Leben gerufen hat. Er fing an, „toís" zu sagen anstatt „nos" (wir). Es begann als Gag, und auf einmal hatte es sich als Motto in unserer Clique etabliert. Jetzt ist einfach alles „toís", das klingt cool. Eigentlich also völliger Blödsinn, aber alle fanden es toll.

Es begann als Gag, und auf einmal hatte es sich als Motto in unserer Clique etabliert. Jetzt ist einfach alles „toís", das klingt cool.

Was nicht jeder toll findet, ist meine Berufung zum Sänger. Ich singe miserabel. Beim Karaoke bin ich eine einzige Katastrophe, aber eigentlich ist mir das egal. Ich singe trotzdem. Wen das stört, der muss ja nicht zuhören. Leider sind es schon recht viele, die sich davonmachen, wenn ich anfange zu singen.

Aber ich singe nicht nur unheimlich gerne, ich reise auch gerne. Andere Städte besuchen, andere Kulturen kennenlernen, das

9 Pagode ist ein Sambastil, der ursprünglich aus Rio de Janeiro stammt.

gefällt mir. Auf die Reise an sich kann ich dabei allerdings gut und gerne verzichten, lange Zeit in einem Flugzeug zu verbringen reizt mich überhaupt nicht. Man scheint überhaupt nicht von der Stelle zu kommen! Dafür habe ich keine Geduld, also mache ich fast immer ein Nickerchen. Besser gesagt: Ich schlafe wie ein Murmeltier. Einmal sind wir in eine schlimme Turbulenz geraten, das Flugzeug wurde richtig durchgeschüttelt. Einige Leute beteten, andere weinten, ich schlief. Als alles vorbei war, wurde ich geweckt und erfuhr, was passiert war. Viele meiner Mitreisenden sahen verweint aus und waren sauer auf mich, weil ich mich nicht in ihre Ängste hineinversetzen konnte.

Ich bin eher gelassen. Auch weil ich tolle Freunde habe, denen ich mich anvertrauen kann. Freunde waren mir schon immer wichtig. Ein paar von ihnen kenne ich erst seit vier, fünf Jahren. Sandkastenfreundschaften gibt es nur wenige, meistens verliert man ja doch mit der Zeit den Kontakt. Da ich immer viel zu tun habe, fehlt mir die Zeit, und ich schaffe es nicht, alle wiederzusehen, mit denen ich mich gerne treffen würde. Aber die Freunde, die ich heute habe, sind sehr wichtig für mich. Sie sind loyal und gehen mit mir durch dick und dünn. Wir sind immer zusammen, und ich versuche, möglichst viel Zeit mit ihnen zu verbringen, ob es nun gut läuft oder weniger gut.

Ich erzähle gerne Witze. Ich kenne ein paar richtig gute. Meine Freunde sagen, dass ich immer dieselben Witze erzähle, aber das liegt eben daran, dass sie immer mit mir zusammen sind. Sie kennen schon alle Pointen.

Außerdem fahre ich gerne am Strand von Santos Fahrrad. Ich setze ein Basecap auf und fahre los. Ein paarmal bin ich auch mit dem Fahrrad zum Training gefahren. Wenn die Leute mich erkennen, dann verhalten sie sich in der Regel sehr respektvoll und freundlich.

Einmal spielte ich am Strand mit Freunden mit einem ferngesteuerten Modellauto. Einige Leute sahen mir von Weitem zu und haben das respektiert. Das ist toll.

> Ein paarmal bin ich auch mit dem Fahrrad zum Training gefahren.

Tattoos mag ich auch. Ich weiß schon gar nicht mehr, wie viele ich habe. Einmal wurde es lustig: Ich war in einem Tattoostudio in Santos, in einer Shoppingmall, das war so ein Studio mit großem Schaufenster. Gleich sammelte sich eine Menge Leute am Fenster, um zu beobachten, was sie mit mir anstellten. Mit gefällt das. Auch wenn es natürlich nicht gerade angenehm ist, tätowiert zu werden ... Aber es lohnt sich, weil es auf die Botschaft ankommt, die man vermittelt. Auf meinem rechten Arm steht zum Beispiel der Name meines Sohnes, Davi Lucca, und sein Geburtsdatum, der 24. August 2011. Auf meinem Nacken steht „blessed“, und auf meinen linken Arm habe ich den Namen meiner Mutter tätowieren lassen: Nadine. Meine Schwester Rafaela ist auf meinem rechten Arm verewigt. An meinem linken Handgelenk steht „Deus é fiel“ (Gott ist treu), ein Stück uber meinem linken Knöchel „ousadia“ (Wagemut). Weitere Motive sind eine Krone, ein Herz und das Symbol für Unendlichkeit, außerdem die Passage Korinther 9, 24–27. Und natürlich ist eines meiner Tattoos auch meinem großen Vorbild gewidmet: meinem Vater. Diese Tätowierung trage ich auf der Brust.

JUGENDLICHER LEICHTSINN?

Bescheidenheit ist im Leben ausgesprochen wichtig. Deshalb habe ich immer versucht, Neymar Jr. auch im Leben Orientierung zu geben und nicht nur, was das Fußballspielen anging. Auch wenn er etwas extravagant aussieht – ich habe ihn immer auf den Boden der Tatsachen zurückgebracht.

Seit er ein Kind ist und das Interesse der Fans von Santos und sogar von anderen Vereinen immer größer wurde, habe ich versucht zu vermeiden, dass er auf und neben dem Platz besonders auffällige Sachen trug. Als er jünger war, war er zurückhaltender. Jetzt, wo er erwachsen ist und selbst Familienvater, trifft er seine Entscheidungen selbst.

Ich habe die Zügel immer kurz gehalten, denn ich finde, das ist die Pflicht eines Vaters. Nein zu sagen ist oft ein großer Liebesbeweis. Es gibt keine größere Liebe als die Liebe eines Vaters oder einer Mutter. Wir lieben unsere Kinder schon, bevor sie überhaupt geboren werden. Wir können alles in unserem Leben ändern, aber wir können nie aufhören, Eltern zu sein. Niemand verbietet seinem Kind etwas aus reiner Freude am Verbieten. Die Erfahrung spielt eine wichtige Rolle.

Juninho hat kein Problem damit, einen Ohrring zu tragen, er nennt das „seinen Look aufpeppen". Ich bin der Meinung, dass sein etwas gewagtes Äußeres mehr Aufmerksamkeit erregen könnte als sein Fußballspiel, und das halte ich nicht für den richtigen Weg. Die Qualität eines Profis muss an seiner Leistung auf dem Spielfeld gemessen werden und hat auch viel mit dem Eindruck zu tun, den er hinterlässt.

Persönlichkeit zu haben ist sehr gut. Doch man darf dabei nicht ichbezogen sein. Individualistisch. Das hat Juninho von klein auf gelernt, und auch deshalb hat er Erfolg in einer Mannschaftssportart. Er wollte nie mehr gelten als andere, hielt sich nie für etwas Besseres als irgendein Teamkamerad oder Gegner. Das ist sowohl beruflich als auch im Privatleben wichtig.

Ich habe meinem Sohn immer Werte vermittelt. Einem Jungen mal richtig die Ohren lang zu ziehen kann viel bewirken. Bei seinen Futsalturnieren und den Fußballspielen in der Baixada, zu denen er mit dem Bus fuhr oder zu denen ich ihn mit dem Motorrad brachte, habe ich immer das Gespräch mit Juninho gesucht. Wir redeten darüber, wie er sich auf dem Feld verhalten hat, was er mit dem Ball machen sollte und was nicht. Vor und nach dem Spiel haben wir seine Leistung analysiert. Ich habe es ihm nie leicht gemacht, ihn nicht nur gelobt. Vater zu sein ist auch das.

Man darf ein Kind nicht nur verwöhnen, das wäre zu einfach. Man muss manchmal hart sein, um ihm den richtigen Weg zu weisen.

Natürlich gewinnt man nicht immer, aber man kann es sich auch nicht leisten, alles hinzuwerfen, aus Übellaunigkeit oder weil man nicht den notwendigen Ernst aufbringt. Niemand kann auf den Platz kommen und davon ausgehen, sein Team habe den Sieg schon in der Tasche. Ein Spiel durch Arroganz zu verlieren ist das Allerschlimmste. Das gilt übrigens für alle Lebensbereiche.

Ich werde nie vergessen, wie es war, als ich bei der CET mal die Damentoiletten putzen musste. Dafür hatte ich das Auswahlverfahren nicht gemacht, solch eine Arbeit wollte ich nicht. Ich wollte mit Autos arbeiten und keine Klos putzen. Aber ich hatte mir in den Kopf gesetzt, dass alles glänzen sollte, alles sollte schön sein, sauber und ordentlich. Weil ich mir Mühe gegeben und mich angestrengt habe, wollte der Vorgesetzte, dass ich weiter dort arbeite. Um ein Haar wäre ich Chef der Sanitäranlagen-Reinigungsabteilung geworden …

Ein Spiel durch Arroganz zu verlieren
ist das Allerschlimmste.
Das gilt übrigens für alle Lebensbereiche.

Klar, dass das nicht das war, was ich eigentlich wollte. Ich habe nichts gegen Leute, die solche Arbeit verrichten, ganz im Gegenteil, ich bin bescheiden und bringe allen Berufen Respekt entgegen – aber ich wollte was anderes. Um mein Ziel erreichen zu können, musste ich diese Arbeit also so gut wie möglich erledigen und mein Bestes geben. Das war immer eines meiner Lebensziele. Und genau das gebe ich auch an meine Kinder weiter.

Im Training bei Gremetal in Santos – Neymar Jr. war gerade sieben Jahre alt – schoss er mit links, mit seinem schwächeren Fuß. Der Schuss ging total daneben. Da rief Betinho ihn zu sich und sagte ihm, dass er sich den Ball in einer solchen Situation immer zuerst auf seinen stärkeren Fuß, den rechten, legen möge, bevor er zum Schuss ansetzt.

Ich respektiere Betinho, aber in diesem Fall dachte ich genau das Gegenteil. Ich sprach mit Juninho: „Mein Sohn, schieß immer mit dem Fuß, auf den der Ball fällt. Hab keine Angst, mit dem schlechteren, dem linken Fuß zu schießen. Schieß einmal, zweimal, dreimal, bis auch dieser Fuß stark wird. Denn der schlechte Fuß verbessert den guten Fuß, mein Sohn."

Dann redete ich mit Betinho. Ich sagte ihm, er solle darauf bestehen, dass Neymar Jr. auch mit dem schlechten Fuß schießt. Es sei völlig egal, ob er den Schuss vergeigt. Er solle es besser jetzt lernen, mit sieben, acht Jahren. Aber es gehe nicht, dass er vergisst, dass er sich verbessern und mehr lernen muss. Er dürfe nicht aufhören, etwas Neues zu versuchen und auf dem Platz Risiken einzugehen. Und nicht nur auf dem Platz, sondern auch im Leben.

Betinho war immer ein guter und bescheidener Trainer, der sich nicht nur an das hielt, was ich für meinen Sohn als richtig ansah, sondern dieselbe Strategie auch bei seinen anderen Schützlingen anwendete. An meiner Theorie halte ich bis heute fest. Mit dem richtigen Anstoß im richtigen Moment kann man einen ganzen Entwicklungsweg, eine Haltung, eine Denkweise ändern.

Juninho begann also, mehr mit dem linken Fuß zu trainieren und häufiger auch das Risiko einzugehen, mit links zu schießen. Oft gelang es ihm nicht, doch mit der Zeit machte er immer weniger Fehler und es klappte besser. Wie man beim Finale im Confed-Cup im Maracanã in Rio sah. Dieser beherzte Schuss mit links in die Torwartecke von Casillas nahm seinen Ursprung in den Trainingsstunden mit Betinho. Dieser Treffer war nur möglich, weil der Trainer ihm erlaubte, Risiken einzugehen, als er noch ein Kind war.

Der Lehrer, der Meister, Mentor, Trainer – der Typ eben, der einem etwas beibringt – ist ungeheuer wichtig. Um Juninho noch besser unterstützen zu können, habe ich im Jahr 2009 die Aufnahmeprüfung für die Uni gemacht und ein Sportstudium begonnen. Ich wollte etwas dazulernen und auf diese Weise Juninho besser betreuen und ihm mehr über Sport und Fußball beibringen. Es reicht nicht, Vater zu sein, man muss mittendrin sein. Man muss über seinen eigenen Schatten springen.

Und sicher, man sollte auch Geduld mit all jenen haben, die so viel von deinem Sohn verlangen, und mit allen, die weniger von Fußball verstehen. Wie oft musste ich mich zusammenreißen und innerlich bis zehn zählen in Spielen, bei denen unsere Mannschaft kritisiert wurde ... Sich über andere lustig zu machen gehört zum Fußball dazu, aber manches kann man einfach nicht so stehen lassen. Zum

Beispiel, wenn jemand meinen Sohn als „Möchtegern" beschimpft. Auch wenn ihm nicht viel gelingt, setzt er sich 100-prozentig ein. Er läuft und leistet die Vorarbeit für seine Mannschaftskollegen.

> Sich über andere lustig zu machen gehört zum Fußball dazu, aber manches kann man einfach nicht so stehen lassen.

Wenn ich jemanden mag, dann verteidige ich ihn, das betrifft nicht nur meinen Sohn. In der vorletzten Saison, die Giovanni bei Santos spielte, brüllte ihm ein Fan während des Spiels zu, dass er „lahm" sei. Das konnte ich nicht durchgehen lassen und fing an, mit dem Mann zu diskutieren. Ganz ruhig, ohne aggressiv zu werden. Wie kann man denn einen Spitzenfußballer wie Giovanni als „lahm" bezeichnen? Er ist einer der besten Spieler, die ich je beim FC Santos gesehen habe, und es war eine große Freude, als Juninho gegen ihn spielte. Es war wirklich schön, diese Begegnung der unterschiedlichen Generationen zu sehen.

Als ich damals miterlebte, wie mein Sohn sein Talent zu zeigen begann, während Giovanni seine Hochphase beim FC Santos, in der Seleção und in Barcelona (sieh mal einer an) hatte, war das durchaus aufregend. Ich erinnere mich an jedes Spiel, das Juninho für Santos machte. Das waren Begegnungen, bei denen es zehn, zwölf Fans der Gegenmannschaft gab und nur ich und mein Freund von der CET, Zeferino, für Santos hielten. Zé hatte eine Bar gegenüber unserer Firma. Auch er hatte mal Fußball gespielt, als er jünger war. Wir freundeten uns an, weil uns die Liebe zum Fußball verband und weil wir beide Neymar Jr. in der Juniorenmannschaft des FC Santos spielen sehen wollten.

Ich verpasste keine einzige Partie, und Zeferino war immer dabei. Er begleitete mich zu allen Spielen in der Umgebung von São Paulo. Wir fuhren früh los, manchmal war der Anpfiff schon um neun Uhr morgens. Wir waren immer da, an Juninhos Seite, wir kamen nie zu spät. Ganz in seiner Nähe standen wir am Zaun. Manchmal waren wir sogar schon früher da als der Mannschaftsbus aus Santos und betraten als erste Zuschauer das Stadion. São Caetano, Mauá, Barueri … Oft verfuhren wir uns, und nicht einmal die Anwohner wussten Bescheid, wie wir zum Stadion gelangen konnten. Trotzdem machten wir uns immer wieder auf den Weg, nur wir zwei. Denn wir beide wussten, dass Juninho mal ein großer Spieler werden würde.

DAS DEBÜT

Bis zu meinem Debüt beim FC Santos am 7. März 2009 bei der Staatsmeisterschaft, der Campeonato Paulista, war ich für meinen Vater immer Juninho, auch nach außen hin. Nach diesem Spiel gegen Oeste de Itápolis, im Pacaembu-Stadion von São Paulo, sagte er, dass er der Vater von Neymar Jr. sei. Das war – so erzählte er mir später – sein größter Stolz. Er hatte es geschafft, ich war Fußballprofi. Jetzt war es an mir, das zu erreichen, was ihm selbst nicht gelungen war.

Ich weiß, dass so ein Vater reagiert, der alles für seinen Sohn tut – und das tut er wirklich, nicht nur für mich, sondern auch für meine Schwester –, aber ich weiß auch, dass ihm ein Stein vom Herzen fiel, als ich im Verein vorgestellt wurde. Mir natürlich auch. Dass ich damals, mit 13 Jahren, beim FC Santos geblieben war, war ein großes Geschenk. Es wurde viel geredet, viel gefordert, die Erwartungen waren immens. Es gab eine Menge Berichte in den Medien. All die Hoffnungen, die die Santistas auf die neue Spielergeneration nach Robinho und Diego setzten ... Und sosehr ich mich auch auf diesen Tag vorbereitet hatte, seit ich elf war (geträumt hatte ich schon viel früher davon) – in dem Moment, als ich den Rasen vor Augen hatte und darauf wartete, dass mein Name genannt wurde, war alles ganz anders.

Als es losging im Pacaembu-Stadion und ich mit dem Trikot des „Peixe", wie die Mannschaft aus Santos liebevoll genannt wird, aufs Feld lief, war meine Aufgabe klar. Ich kam von der Bank und trug urplötzlich Verantwortung. Für mich, für die Mannschaftskollegen, für das Trainerteam und die Vereinsleitung. Alle waren neugierig, ob dieser Neymar Jr. wirklich so toll sein würde, wie es im Vorfeld geheißen hatte.

Es war nicht gerade einfach. Es war sogar noch schwieriger, als ich angenommen hatte, nicht nur für mich, sondern auch für meinen Vater. Er kann sich schlecht damit abfinden, wenn mich jemand übertrieben kritisiert und mich auf unsachliche Weise persönlich angreift, ohne konkrete technische oder taktische Probleme anzusprechen. Das ist so seine Art. Ich glaube, jeder Vater ist so, wenn es um seinen Sohn geht. Und sicher gilt das erst recht dann, wenn der Sohn so im Mittelpunkt steht, wie ich es tat, und das schon, bevor ich Profispieler wurde.

Ich kam von der Bank
und trug urplötzlich Verantwortung.

Natürlich will ich mich nicht mit Pelé vergleichen, das wäre anmaßend, aber mein Vater erinnert sich, dass nicht einmal der König des Fußballs, der *Rei do Futebol,* bei seinem Debüt ein so großes Medieninteresse geweckt hat wie ich. Kein anderer Nachwuchsspieler im Vila Belmiro hatte bei seinem Debüt so viele Erwartungen zu erfüllen. Nachdem ich 2006 nicht nach Spanien gegangen war, wussten die meisten Leute, wer ich war. Bei jedem Juniorenspiel wollte mindestens ein Fan ein Foto von mir. Das war für einen so jungen Spieler nicht gerade üblich. Aber ich gewöhnte mich daran. Nach den Spielen der U13- und U15-Mannschaft für Santos ging ich immer zum Zaun, um mit meinem Vater zu sprechen und die Fotowünsche zu erfüllen.

Diese Sympathie, die ich von so vielen Seiten erfuhr, erleichterte einiges und öffnete mir viele Türen, aber im Fußball gibt es viele heikle Momente – genau wie im Leben. 2009 gab es beim FC Santos einige Umstrukturierungen, was mein Debüt nicht gerade erleichterte. Es war erst das fünfte Spiel unter dem neuen Trainer Vágner Mancini. Der hatte gut angefangen, mit einem 1:0 gegen den Rivalen São Paulo. Seit neun Monaten hatte die Mannschaft zuvor kein Derby mehr für sich entscheiden können, und seit 2000 war es uns nicht mehr gelungen, im Paulistão – der Meisterschaft des Bundesstaates São Paulo – gegen São Paulo zu gewinnen.

Jetzt sollte alles besser werden. In diesem Spiel bekam ich die Sympathie der Zuschauer ganz deutlich zu spüren. Ich saß zunächst auf der Bank und die Fans im Stadion forderten lautstark meine Einwechselung. Was für ein unbeschreibliches Gefühl!

Wenn ich an all das denke, was meine Familie durchgemacht hat, dann war dieses Debüt beim FC Santos für mich viel mehr ein Triumph als eine Bürde. Ich lief überglücklich aufs Spielfeld, mit grauen Strümpfen, die im Übrigen richtig gut aussahen. Es war ein Samstagabend, Anpfiff 19.10 Uhr. Ich wurde in der zweiten Halbzeit eingewechselt, nach einer Viertelstunde kam ich für den Kolumbianer Molina. 24.000 zahlende Zuschauer waren im Stadion.

Das Publikum war großartig, wie immer, wenn Santos in der Hauptstadt spielte. Vom ersten Moment an feuerten mich die Fans an. Es war fantastisch! Ich hätte noch besser sein können, denn meinen ersten Ball setzte ich an die Latte. Beinahe wäre ein Tor daraus geworden. Beinahe. Aber gut ... Viel wichtiger als ein persönliches Erfolgserlebnis war unser Sieg. Wir gewannen 2:1. Als wir das Pacaembu verließen, wäre ich am liebsten gleich nach Santos zurückgefahren, um noch eine Runde mit meinen Freunden zu kicken. Ich hatte Spaß gehabt. Das war das Wichtigste.

Nach der Auswärtspremiere war jetzt der Zeitpunkt gekommen, zum ersten Mal in unserem Heimatstadion, dem Vila Belmiro, aufzulaufen. Wir erreichten ein Unentschieden: 1:1 gegen den FC Paulista aus Jundiaí. Ich wurde in der zweiten Halbzeit für den Verteidiger Domingos eingewechselt und machte ein gutes Spiel. Was noch fehlte, waren mein erstes Tor und die Nominierung für die Startelf.

Nachdem mein aufregendes Debüt und mein erstes Heimspiel hinter mir lagen, nahm ich ein neues Ziel ins Visier: Ich musste ein Tor schießen, das erste von vielen, die ich im Trikot des FC Santos erzielen würde. Im Trikot meines Vereins. Am 15. März 2009 war es so weit. An einem Sonntagabend, im Pacaembu-Stadion. Ich war 17 Jahre alt.

Meinem Teamkollege Ganso – die Presseleute nannten ihn damals noch Paulo Henrique – gelang der erste Treffer im Spiel gegen Mogi Mirim. In der zwölften Minute der zweiten Halbzeit einer kräftezehrenden Begegnung verwandelte er einen Abpraller zum 1:0.

Wenn ich an all das denke,
was meine Familie durchgemacht hat,
dann war dieses Debüt beim FC Santos für mich
viel mehr ein Triumph als eine Bürde.

Als wir das Spiel besser unter Kontrolle hatten, gelang dem starken Roni in der 68. Minute ein Kopfballtor. In der 72. Minute näherten wir uns erneut dem gegnerischen Kasten, diesmal von der linken Seite: Roni brachte eine Flanke scharf in die Mitte des Strafraums. Ich war frei und tauchte wie ein Peixinho[10] ab, um mein erstes Profitor für Santos zu erzielen. Mit dem Kopf! 3:0.

Da stand ich also, ein schmächtiger Junge in diesem wunderschönen weißen Trikot mit der Nummer 7. Seit meinen Anfängen in der Jugendmannschaft des FC Santos trug ich immer die 7. Bis zu dem Tag, als mich einer der Kotrainer, Antônio Lima, fragte, welche Rückennummer ich eigentlich am liebsten hätte. Ich entschied mich für die 11. Das war die Nummer von Romário in der Seleção und in den meisten Vereinen, für die er gespielt hat. Das Skurrile daran: Der Mann, der mir half, mich für meine Rückennummer zu entscheiden, war genau der Spieler, der in seiner Laufbahn die meisten Trikotnummern getragen hatte. Mein Vater sprach immer nur gut über Lima – dass er ein sehr moderner Spieler gewesen sei, dass er im Mittelfeld, als Spielmacher, als Verteidiger, ja in fast allen Positionen gespielt habe, mit allen möglichen Trikots. Er war es, der mir schließlich die 11 von Santos gab.

Kurz vor meinem Profidebüt verstarb mein Großvater. Ilzemar war ein großer Fan von Pelé gewesen. Schon als Kind habe ich mir immer gerne Videos des *Rei* mit ihm angesehen. Schüsse, Pässe, Tore, Freudentaumel. Mein Vater erzählte immer davon, wie er anlässlich eines Torerfolgs die Faust in den Himmel streckte. Das war das Stichwort. Bei meinem nächsten Treffer überlegte ich nicht zweimal und hob die Faust. Sicher, man kann sich nicht mit Pelé vergleichen, aber

10 Wie ein „Fischchen“. Der FC Santos wird auch „Peixe“ (Fisch) genannt.

ich konnte mit dieser Geste zumindest meinem Großvater Tribut zollen. Und mehr noch: Ich konnte meinen Vater glücklich machen. Das Tor gehörte eher diesen beiden als mir selbst.

> Nachdem mein aufregendes Debüt
> und mein erstes Heimspiel hinter mir lagen,
> nahm ich ein neues Ziel ins Visier:
> Ich musste ein Tor schießen.

Dank Gottes Hilfe und auch dank meines Großvaters und meines Vaters war dieses Tor das erste von vielen. Wenn man ein Tor erzielt, ist das immer ein unbeschreibliches Gefühl. Ganz unabhängig davon, ob es die Szene ist, die ein Spiel oder gar ein Turnier entscheidet, ob es ein klassisches Tor ist, der Ehrentreffer bei einer deutlichen Niederlage, das Weltklassetor, der Zufallstreffer, ein Tor mit dem Schienbein oder mit dem falschen Fuß – hässliche Tore gibt es nicht. Von Dario Maravilha, einem großen brasilianischen Torjäger der 1970er- und 1980er-Jahre, stammt ein Ausspruch, der zu den Lieblingssätzen meines Vaters gehört: „Es gibt keine schlechten Tore. Schlecht ist es, kein Tor zu schießen." Das stimmt. Für einen Fan gibt es nichts Schöneres, und jeder Spieler war ja auch einmal Fan. Oder ist es noch, wie in meinem Fall.

Ich bin immer noch ein Mann aus der Fankurve. Zusätzlich stehe ich inzwischen auch auf dem Platz und kann selbst Tore schießen – super. Wenn mir das gelingt, bin ich so glücklich, dass ich wie verrückt feiere. Ich laufe dann beinahe mehr als im ganzen Spiel. Es ist fantastisch, ein Tor zu feiern, aber man sollte dabei auch immer Respekt für den Gegner und die Fans der anderen Mannschaften zeigen.

Wie mein letztes Tor wohl aussehen wird, daran will ich gar keinen Gedanken verschwenden. Ich möchte auch nicht wissen, gegen wen es sein wird, wann und für welchen Verein. Vielleicht werde ich mir gar nicht klar darüber sein, dass ein Tor, das ich erziele, mein letztes war. Aber bei meinem ersten Tor als Profi, da gab es keine Zweifel: Es war mein allererstes. Noch heute fehlen mir die Worte, um zu beschreiben, was ich damals gefühlt habe, und ich danke allen, die mit mir im Pacaembu-Stadion waren und mich unterstützten.

Ein Freund der Familie sagte, nach diesem ersten Tor habe er aus der Stimme meines Vater am Telefon kein Lächeln heraushören können, wie sonst immer – er hörte ein befreites Lachen.

SIEGESHUNGER

Eine der Psychologinnen, die mit Neymar Jr. arbeiten, sagte, dass er nicht nur Talent habe, sondern über etwas verfüge, was Spitzensportler brauchen: eine enorme Motivation. Er hat eine riesige Freude bei dem, was er tut, will Spiele gewinnen und widmet sein Leben ganz dem Fußball. Wenn man also sein gottgegebenes Talent und seine natürliche Willenskraft verbindet und seine Spielfreude und seinen Siegeshunger hinzunimmt, dann besitzt er alles, was man braucht, um Erfolg zu haben.

Juninho hat viele Vorbilder: Messi, Cristiano Ronaldo, Robinho, Ronaldo, Xavi, Iniesta, Romário und Zidane sind nur einige von ihnen. Weil er auch selbst ein Vorbild für viele ist, muss er immer gut vorbereitet sein. Aber für meinen Sohn ist das ein Leichtes, er macht alles auf dem Platz mit Freude und Hingabe.

Wenn man liebt, was man tut, dann spürt man keine Müdigkeit, auch wenn man noch so hart arbeitet. Neymar kann vom Fußball nicht genug bekommen, er wird nicht müde. Auch wenn er sich darüber hinaus mit tausend Dingen beschäftigt, wie es für einen jungen Mann in seinem Alter normal und für einen Profi notwendig ist – Juninho ist stets der Erste, der zum Training erscheint. Er ist immer da und zeigt Einsatz. Nicht nur, um seine Ballbehandlung und seine Schusstechnik zu optimieren. Auf dem Rasen fühlt er sich wohl, dort fühlt er sich vollkommen. Er weiß, dass er auf dem Platz das Beste aus sich herausholen kann. Der Fußball ist für ihn sein zweites Zuhause.

> Wenn man liebt, was man tut,
> dann spürt man keine Müdigkeit,
> auch wenn man noch so hart arbeitet.

Der Spruch „Training ist Training, und Spiel ist Spiel" stimmt nicht. Für Juninho ist alles ein Spiel, auch das Training. Es geht nicht um Krieg, unser Leben ist nicht so. Wir müssen kämpfen, schwitzen und immer unser Bestes geben, aber ohne die anderen dabei anzugreifen. Ich habe ihm immer gesagt, dass er sich beim Training und im Spiel verausgaben muss. Er soll immer sein Bestes geben, bei allem, was er tut – in jedem Spiel, bei jedem Schuss. Wenn der Spielfluss zum Erliegen kommt und er bloß rumsteht, dann soll er sich bewegen.

Manche Leute finden, dass Juninho leicht fällt und sich oft hinwirft. Manchmal muss er hochspringen, um nicht getroffen zu werden. Ein Stück Holz in der Luft bricht nicht. Das ist der Preis, den du als Topstürmer zahlen musst. Die Abwehrspieler gehen immer hart zur Sache, aber das Gute daran ist: Es ist ein Zeichen dafür, dass der Ball beim Gegner gut läuft.

Vor dem Spiel, bei der Begrüßung nach der Nationalhymne und der Vorstellung der Mannschaft, gehen alle Gegenspieler und die Schiedsrichter sehr kameradschaftlich mit Neymar Jr. um. Sie respektieren nicht nur sein Talent und seine Professionalität, sondern auch seine Bescheidenheit. Nein, der Erfolg ist meinem Sohn nicht zu Kopf gestiegen. Zwar können den Kopf meines Sohnes ganz unterschiedliche Frisuren zieren, auch mal etwas extravagante, aber im Inneren regiert das Verantwortungsbewusstsein. Auf diese Weise holt man Titel. Die Sympathie und der Respekt der Fans und Mitspieler sind dafür wesentlich. Wer Spitzensportler werden möchte, muss zunächst einmal ein guter Mensch sein. Bei Juninho ist das der Fall.

FANBELAGERUNG

Ich war immer ein ruhiger und friedlicher Typ, fast ein wenig schüchtern. Ich bin gerne allein, aber ich muss lernen, mit all dem zurechtzukommen, was die Berühmtheit mit sich bringt. Es freut mich, dass ich seit meinem 18. Lebensjahr für viele Leute ein Vorbild geworden bin und jetzt eine solche Position innehabe. Nur mit der Hilfe meiner Familie, Freunde und Kollegen ist mir das gelungen. Ich habe Erfolg und werde geschätzt. Alles, was ich beruflich und persönlich noch erreichen werde, hängt von meiner Bescheidenheit und von meinem Einsatz ab.

Ich gebe zu, dass es ein wenig gedauert hat, bis mir wirklich klar wurde, was es bedeutet, berühmt zu sein. Um ehrlich zu sein, so richtig ist der Groschen immer noch nicht gefallen. Manchmal halte ich inne und mache mir bewusst, dass ich wohl wirklich irgendetwas anders mache als andere, wenn so viele Leute meine Nähe suchen. Das ist beeindruckend und erfüllend, gibt mir aber gleichzeitig noch mehr Verantwortung. Ich muss mich selbst übertreffen, um all diese Zuneigung zu verdienen. Manche Leute sehen in mir einen Star, aber ich halte mich nicht für etwas Besseres.

Dass sich alles verändert hatte, bemerkte ich an einem Dienstag. Es war ganz zu Beginn meiner Karriere im Jahr 2010. Ich kam nachmittags vom Training und wollte auf dem Heimweg noch schnell in ein Geschäft, um einen CD-Player zu kaufen. Während ich einen Parkplatz suchte, erkannte mich jemand. Als ich aus dem Auto stieg, hatten sich schon rund ein Dutzend Leute um mich herum versammelt, die sich sehr freundlich und respektvoll verhielten. Sie wollten sich mit mir unterhalten, mich umarmen, sie baten um ein Autogramm oder ein gemeinsames Foto. Ich ließ es geschehen, und auf dem Parkplatz bildete sich eine Schlange. Nach kurzer Zeit hatte sich eine richtige Menschenmenge angesammelt. Ich bedankte mich bei allen, setzte mein Basecap auf und ging forschen Schrittes in den Laden. Einige Leute folgten mir.

Manche Leute sehen in mir einen Star,
aber ich halte mich nicht für etwas Besseres.

Als ich das Geschäft betrat, war bereits ein kleiner Tumult entstanden, das Sicherheitspersonal und der Geschäftsinhaber mussten sich schnell etwas ausdenken. Sie schlossen die Türen. Ich kaufte den CD-Player und sie ließen mich durch die Hintertür des Einkaufszentrums verschwinden. An genaue Details erinnere ich mich nicht mehr, ich weiß nur, dass ich nicht verstanden habe, was da überhaupt vor sich ging. Es jagte mir Angst ein. Einige Mädchen brachen in Tränen aus, als sie mich sahen, und eine Menge Jungs trugen dieselbe Frisur wie ich. Diese ganze Sympathie der Menschen ist toll, doch damals hat sie mich ein wenig erschreckt.

Nach dem ganzen Durcheinander riet mir einer der Mitarbeiter des Sicherheitsdienstes, besser an einem ruhigeren Tag wiederzukommen und nicht ausgerechnet in den Ferien. Daran hatte ich gar nicht gedacht! Unbewusst hatte ich es darauf angelegt, dass es zu einem Tumult kam. Es war das letzte Mal, dass ich so unbedarft allein in ein Einkaufszentrum ging. Das ist der Preis, den man für seine Karriere zahlt. Im Laufe der Zeit gewöhnt man sich daran und versteht, dass es normal ist. Es gehört einfach dazu.

Einmal war ich bei einem Konzert, als eine Frau mir zuwinkte und mir zu verstehen gab, dass sie gerne mit mir sprechen würde. Innerhalb einer Viertelstunde gelang es ihr – ich weiß nicht, wie –, in die Loge neben meiner zu klettern und mich zu umarmen. Das war schräg. Ein anderes Mal wollte ich mit Freunden am Strand Footvolley spielen. Das war im Januar 2012. Sehr schnell sammelte sich ein Haufen Leute am Rand des Spielfelds, um zuzuschauen. Irgendwann waren es so viele, dass wir uns einen Trick überlegen mussten, damit ich wieder vom Strand wegkam.

Eines Abends fuhr ich in den Drive-in eines Fast-Food-Restaurants, ließ die Scheibe herunter und eine Mutter, die im Restaurant an einem Kindergeburtstag teilnahm, erkannte mich. Sekunden später war das Auto von Leuten umringt, vor allem von Kindern, alle so um die neun Jahre alt. Ich gab Autogramme und ließ mich mit vielen von ihnen fotografieren. Es war eine lustige Sache, zumindest für mich. Weniger amüsiert waren die Leute hinter mir in der Schlange. Also brach ich wohlerzogen die improvisierte Autogrammstunde ab und holte mir meinen Burger.

Ich kann die Fans verstehen. Niemals werde ich den Moment vergessen, als ich Pelé kennenlernte. Es war eines Abends im Trainingslager 2009, wir schliefen schon. Plötzlich wachte ich auf und hörte, wie unser Linksaußen Triguinho sagte: „Pelé ist hier!“ Sofort sprang ich auf und rannte mit meinem Freund, unserem Mittelstürmer André, nach draußen. Wir wollten unbedingt zu Pelé, und dort angekommen, fanden wir kaum die richtigen Worte. Es war so aufregend! Er ist ein echter Gentleman, geht auf alle ein und spricht mit jedem, als kennte er ihn persönlich. Er hat immer ein freundliches Wort übrig. Es ist, als wäre er nicht von dieser Welt. Er ist eben Pelé.

MANNDECKUNG

Manchmal sage ich im Spaß zu Juninho, dass ich ihm auf den Fersen bleiben werde, bis er 30 ist. Manndeckung! Danach ist er erwachsen genug und kann machen, was er will. Auch wenn er selbst schon Vater ist und immer vernünftiger wird, bleibt er mein Sohn.

Neymar Jr. stand schon immer sehr im Mittelpunkt des Interesses, von anderen Kindern, aber auch von Erwachsenen. Er musste nicht nur seine fußballerischen Fähigkeiten trainieren, er musste auch lernen, mit den Annäherungsversuchen der Frauen umzugehen. Keine banale Aufgabe, aber dem Jungen fällt auch dies leicht. Ich gebe mir zwar Mühe, an seinen Fersen kleben und an denen der Frauen, aber nicht immer gelingt mir das. Also habe ich zu Juninho gesagt: „Kämpfe für alles, was du dir beruflich vornimmst, was du dir wünschst und dir erträumst. Das ist jetzt am wichtigsten. Danach kannst du dein Leben in Ruhe genießen." Er hat es verstanden.

Ich war ja selbst Fußballer und habe gesehen, wie das ist. Aber damals, zu meiner Zeit, war die Belagerung der Spieler noch nicht so schlimm. Hätte Neymar Jr. damals gespielt, wäre er zwar auf dem Platz derselbe Star gewesen, aber im Umfeld wäre er in Ruhe gelassen worden, insbesondere von den Frauen.

Auf der anderen Seite hat dieses Interesse natürlich auch positive Aspekte. Vor allem die Zuneigung der Kinder ist schön mitanzusehen. Einmal war da ein kleiner Junge, elf Jahre alt, mit einem Hirntumor, dessen größter Traum es war, Neymar Jr. kennenzulernen. Mein Sohn fuhr also zu ihm ins Krankenhaus und die Freude war riesig. Juninho hat sogar ein paar Tränen vergossen. Das ist schon eine Weile her, heute ist der Junge wieder gesund. Neymar Jr. hat – und das gefällt mir besonders gut – diese Geschichte nicht für sich ausgeschlachtet. Er hat sie nicht für sein Selbstmarketing benutzt – er besuchte den Jungen, weil er es wollte. Er ist ein guter Mensch und hatte hier die Möglichkeit, einem kranken Kind eine Freude zu bereiten. Nur darum ging es ihm.

Hätte Neymar Jr. damals gespielt,
wäre er zwar auf dem Platz derselbe Star gewesen,
aber im Umfeld wäre er in Ruhe gelassen worden.

Wie jeder Vater mache ich mir natürlich auch gelegentlich Sorgen, was Alkohol und andere Drogen angeht. Aber bei Juninho kann ich beruhigt sein – er ist nicht der Typ, der verbotene Dinge tut, das liegt nicht in seiner Natur. Er trinkt nicht einmal Alkohol. Auch in dieser Hinsicht ist er ein Goldjunge: Er kennt seine Grenzen.

Ein Profisportler wird sowohl körperlich als auch menschlich schneller erwachsen, Neymar Jr. bildet da keine Ausnahme. Er war in allem frühreif, auch was seine Vaterschaft angeht, aber ein Kind ist immer eine ausgezeichnete Chance, reifer zu werden. Da er ein ruhiger Typ ist, der eigentlich nur zu Hause eine gesunde Unordnung pflegt, die sich völlig im Rahmen hält, meisterte er auch diese Herausforderung.

Ich habe von Gott ein besonderes Geschenk bekommen: zwei wundervolle Kinder – einen Jungen und ein Mädchen. Sie sind in jeder Hinsicht mein Ein und Alles. Ich bin wahnsinnig stolz auf Juninho und Rafaela und sehr dankbar dafür, der Vater von zwei so besonderen und verantwortungsbewussten Menschen zu sein.

Ich würde gerne mehr Zeit mit meiner Tochter verbringen, doch das gestaltet sich derzeit noch etwas schwierig. Wir mussten eine Entscheidung treffen. Rafaela ist wichtig für den Erfolg ihres Bruders, weil es ihr gelang, positiv mit der Situation umzugehen. Manchmal denkt sie sicher: *Ach, Mensch, mein Vater ist schon wieder mit Juninho unterwegs.* Aber sie ist reif genug, um das zu verstehen und damit zurechtzukommen. Sie ist einer der größten Fans von Neymar Jr. und der eigentliche Superstar, wenn es um das Zusammenleben mit ihrem berühmten Bruder geht. Rafaela ist ein ganz besonderer Mensch. Nadine und ich sind gesegnet, weil wir so tolle Kinder haben.

LEHRJAHRE

Die Campeonato Paulista 2009

Vor meiner ersten großen Herausforderung als Profi stand ich bereits im ersten Monat: im Pacaembu-Stadion gegen Corinthians. Dort spielte Ronaldo, den wir in Brasilien auch „O Fenômeno" nennen, eines meiner größten Vorbilder. Der größte Stürmer aller Weltmeisterschaften, dessen Ballbehandlung und Tore ich zu imitieren versuchte und dessen Haarschnitt bei der WM 2002 ich kopierte. Sieben Jahre später kam Ronaldo zu mir, gleich nach der Nationalhymne. Er umarmte mich, machte mir Mut und schenkte mir seinen Respekt.

Wir spielten nicht gut und verloren 0:1. Später gelang es Santos, in der Tabelle wieder etwas Boden gutzumachen, doch die Qualifikation für die Finalrunde gelang nur mit einem unglaublichen Sieg über Ponte Preta, mit zwei entscheidenden Treffern in den letzten acht Minuten des Spiels, das schließlich 3:2 für uns ausging. Das stärkte die Mannschaft, die daraufhin alles auf eine Karte setzte und sich auch gegen Palmeiras durchsetzte, die sich vorher als eine der besten Mannschaften gezeigt hatten. Im Hinspiel im Vila Belmiro verwandelten wir einen Rückstand in einen 2:1-Sieg. Ich steuerte einen schönen Treffer zum Erfolg bei: Roberto Brum spielte mir gleich zu Beginn der zweiten Halbzeit den Ball vor dem Strafraum zu und mein Schuss erwischte Torwart Marcos auf dem falschen Fuß. Ein Traumtor.

Den Trick hatte ich von meinem Vater gelernt, als ich zehn Jahre alt war. Wenn dir im Strafraum ein Verteidiger gegenübersteht, spielst du ihm den Ball einfach durch die Beine. Mein Vater sagte: „Du musst dich vor dem Abwehrspieler bewegen. Er wird die Beine automatisch öffnen und du schießt den Ball einfach hindurch." Ich werde nie vergessen, als das zum ersten Mal geklappt hat. Es war noch in der Nachwuchsmannschaft bei der Briosa, bei Portuguesa. Als der Ball im Tor war, lief ich zum Zaun, um meinem Vater zu danken und ihm zu sagen, dass es geklappt hat. So wie es auch beim Spiel gegen Palmeiras im Vila Belmiro funktioniert hat. Beim Rückspiel gelang Santos erneut ein Sieg. Wieder ein 2:1. Es gab eine Menge Unruhe in der Palestra Italia,[11] mehrere Platzverweise, aber wir setzten uns schließlich durch.

Im Finalhinspiel im Vila Belmiro erwies sich Ronaldo tatsächlich als „Phänomen" und brachte den Sieg für Corinthians praktisch im Alleingang unter Dach und Fach. Im Rückspiel im Pacaembu erreichten wir ein 1:1. Santos wurde also Vizestaatsmeister von São Paulo.

Für eine Mannschaft, die ziemlich schwach gestartet war, und dafür, dass es für mich als 17-Jährigen mein erstes Turnier war, eine respektable Leistung und eine wichtige Erfahrung.

Die zweite Jahreshälfte verlief weniger erfreulich. Es gab einige Trainerwechsel und ich saß fast immer auf der Bank. Bei der brasilia-

11 Die Palestra Italia ist das Stadion des Vereins Palmeiras.

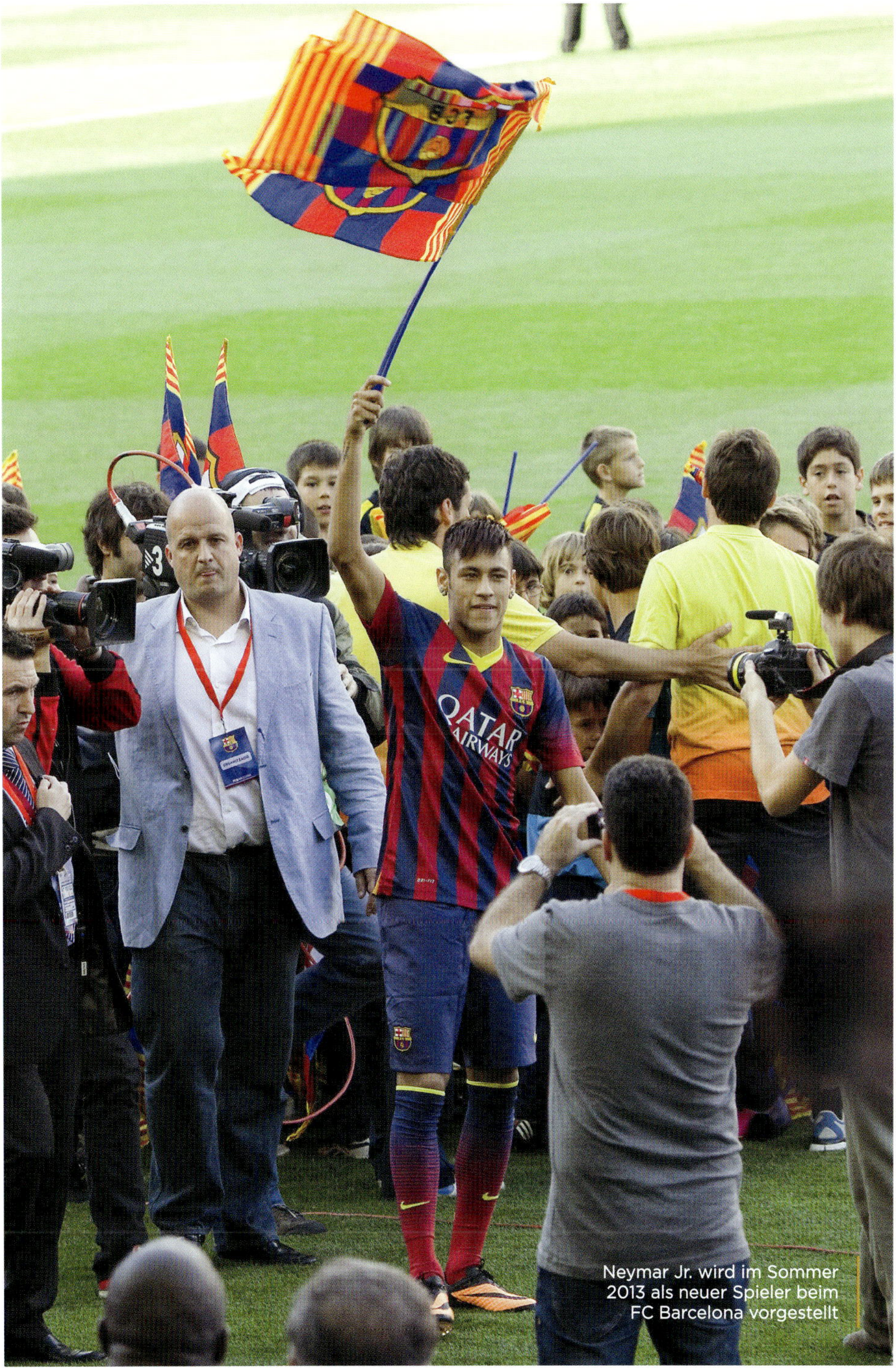
Neymar Jr. wird im Sommer 2013 als neuer Spieler beim FC Barcelona vorgestellt

PAULISTÃO A-3

Neymar preocupa o time do Paulista

A boa atuação do jogador no primeiro turno, quando o União venceu por 2 a 1, chamou a atenção

O atacante Neymar deve ser a maior atração do União/UMC contra o Paulista, domingo em Jundiaí. O jogador, que atuou pelo time jundiaiense na última temporada, é considerado pela Impresa local o mais perigoso da equipe mogiana. No União, a maior preocupação é com o trabalho de bastidores do adversário. A diretoria já está tomando providências para evitar que a o alvirubro seja prejudicado.

A boa atuação de Neymar no jogo do primeiro turno, quando o União venceu o Paulista por 2 a 1, no Nogueirão, fez com que as atenções da imprensa de Jundiaí voltassem todas para o atacante. Por sua vez, o jogador demonstra não dar importânica para este fato. "Estamos preocupados em fazer uma boa apresentaçao em Jundiaí e dar a vitória ao União", afirmou. Neymar espera casa cheia e um jogo difícil no domingo. "Eu conheço bem aquela cidade e sei que eles vão fazer de tudo para torcida comparecer", disse.

Neymar alertou quanto a dificuldade que o time mogiano terá

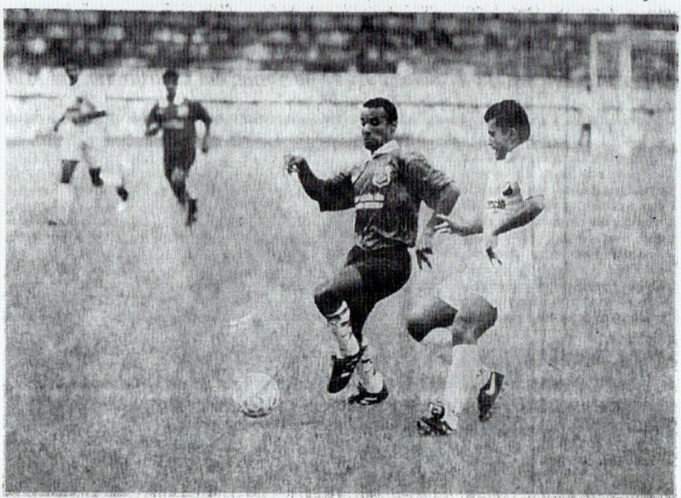
Arquivo

CONHECIDO - *O atacante Neymar esteve emprestado pelo União/UMC a equipe jundiaiense na última temporada*

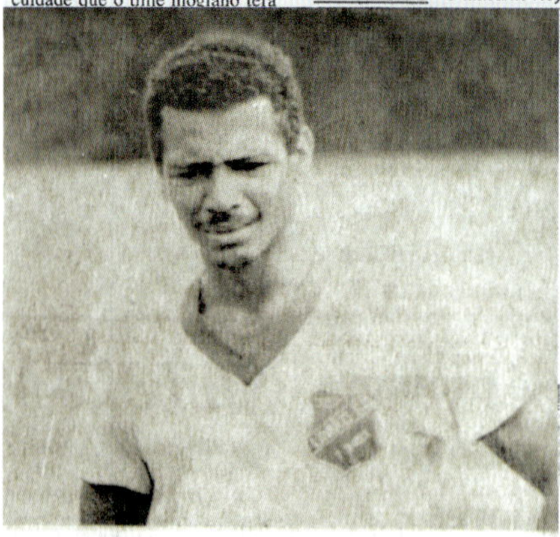

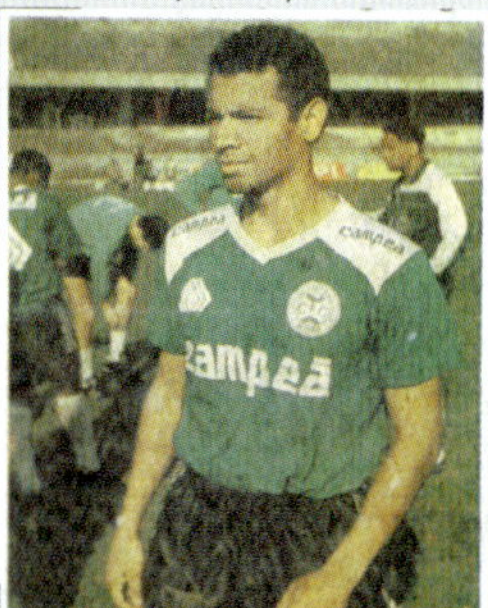

Neimar acertou e deve estrear com a 7 do Cori em Apucarana. P. 20.

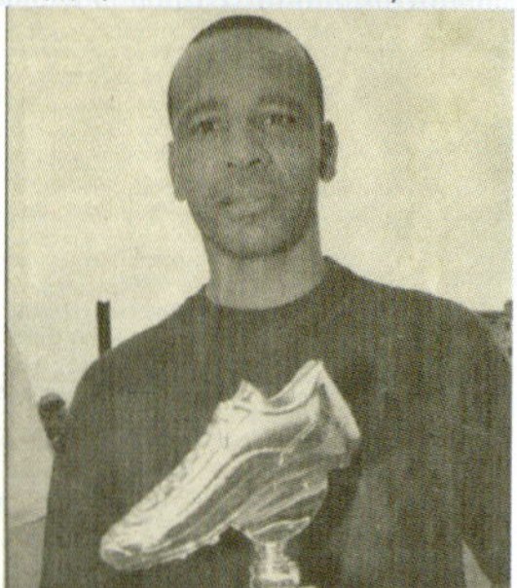

Neimar foi um dos artilheiros da competição, com 9 gols

Neymar acidentado

Neymar, ponteiro direito da equipe profissional do União, sofreu um acidente automobilístico batendo seu Monza. Está sob observação médica. Possivelmente não jogará no próximo domingo, aqui, contra o Central Brasileira. Sua esposa e filho, que o

autor do tento de empat alvirrubro. O jovem pon vem agradando de jogo jogo. Tem, inclusive, ano tentos decisivos para a equipe. O moço, sem favo nhum, tem sido no cam nato da Divisão Intermed deste ano o melhor atac

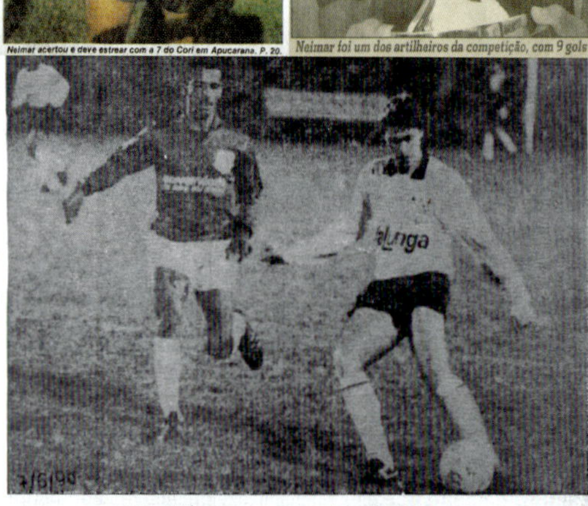

União 0 x Corinthians 0

Alte Zeiten: Zeitungsausschnitte über Neymars Zeit als Profifußballer

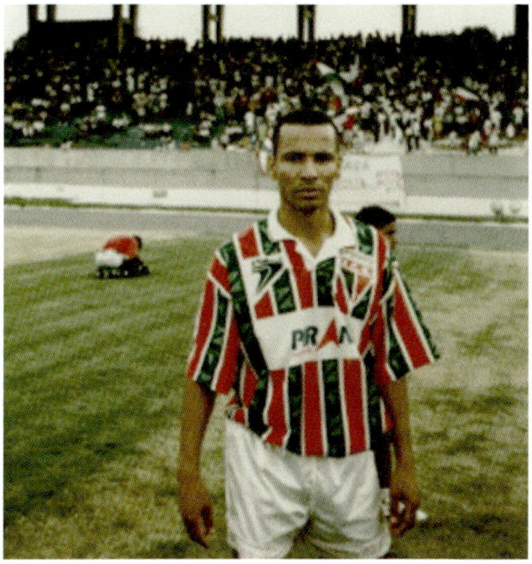

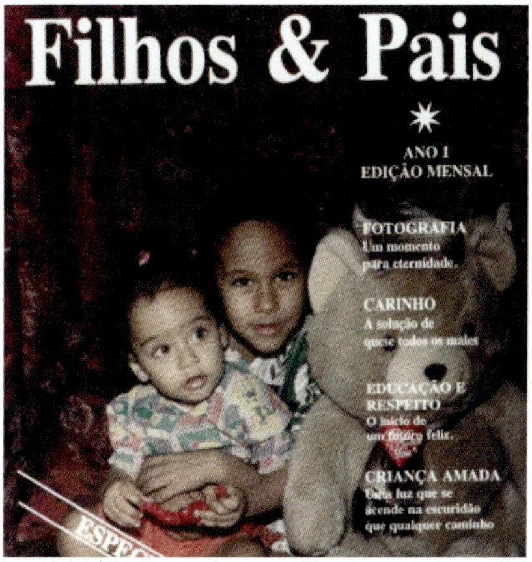

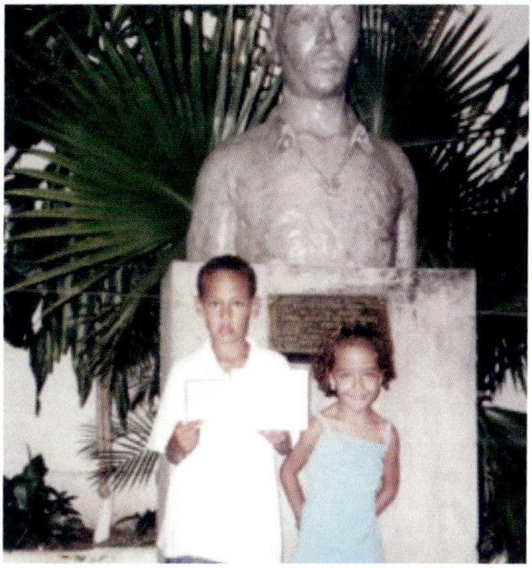

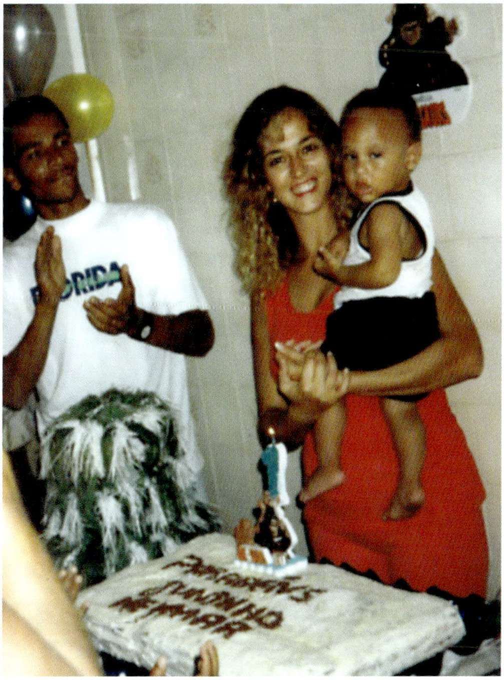

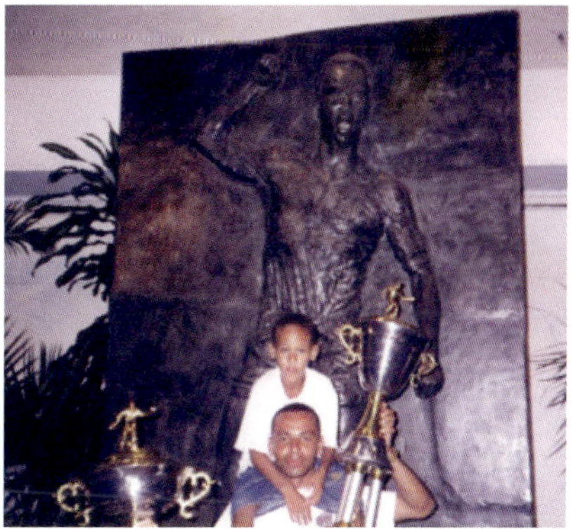

Oben links: Neymar bei einem Spiel mit der Mannschaft Operário de Várzea Grande.
Unten links: Neymar Jr. feiert seinen Geburtstag mit seiner Mutter Nadine.

Rechts: Schnappschüsse aus der Kindheit von Neymar Jr., mit seiner Schwester Rafaela und seinem Vater.

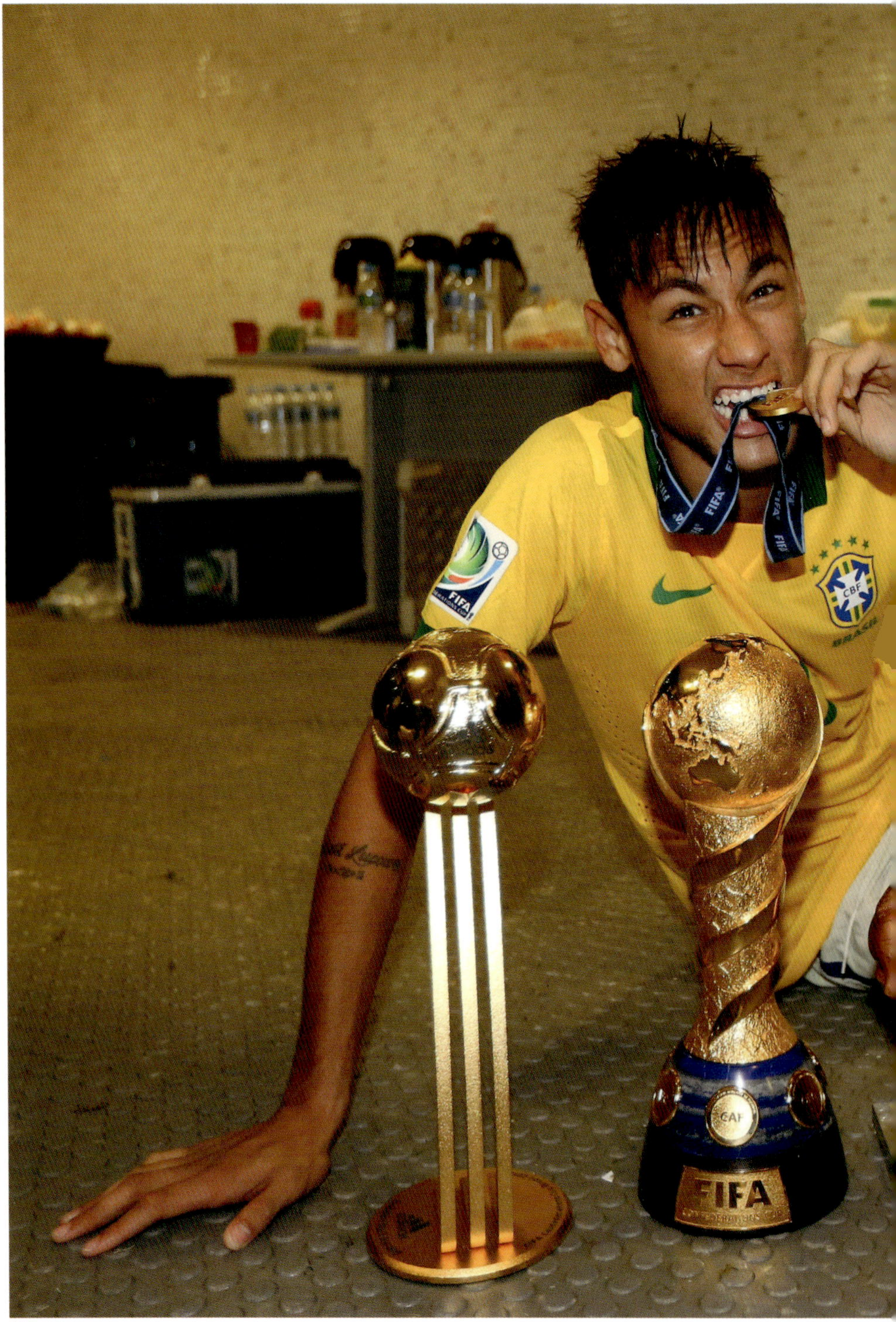
FIFA
CBF
BRASIL
FIFA

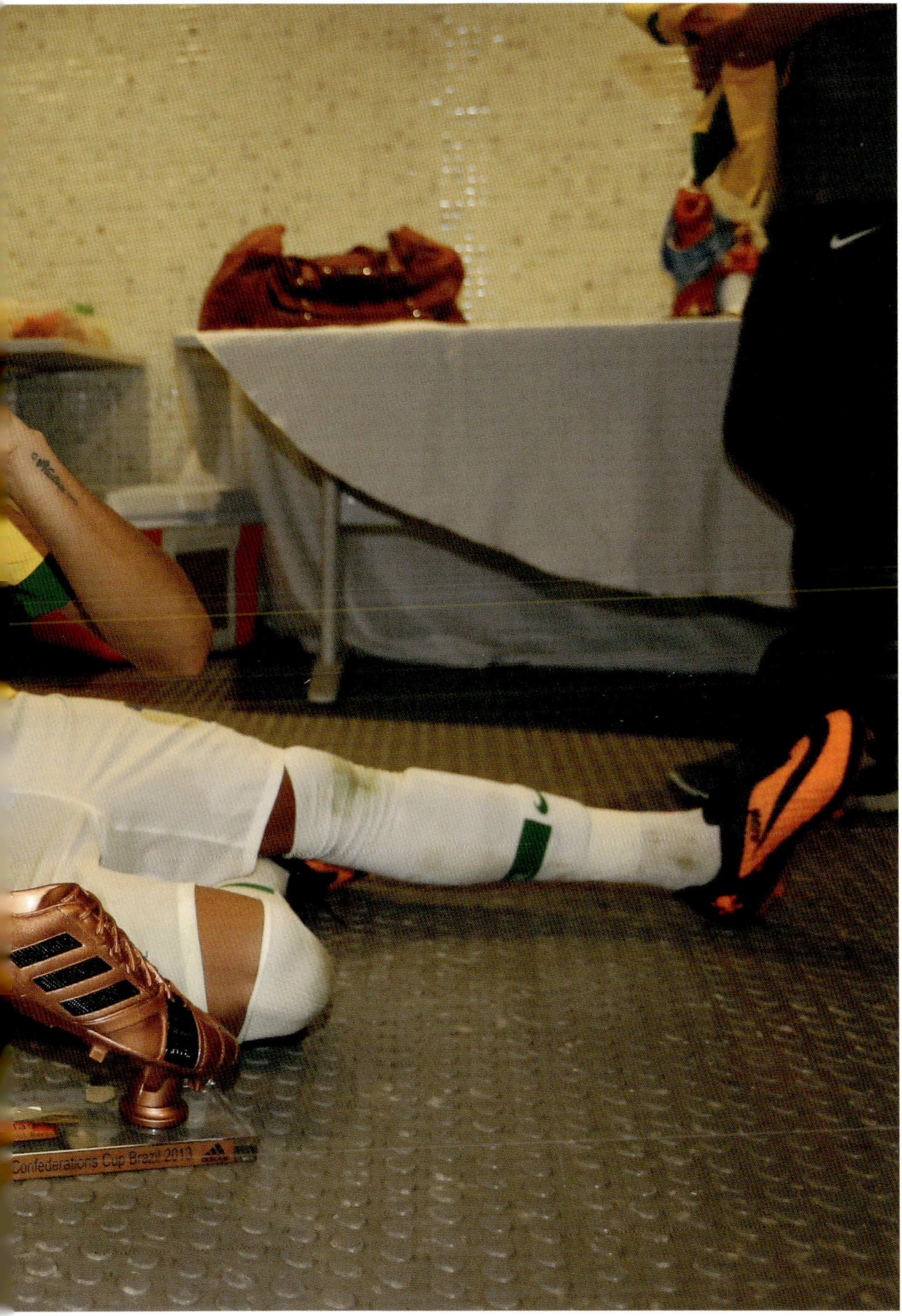
Confederations Cup Brazil 2013

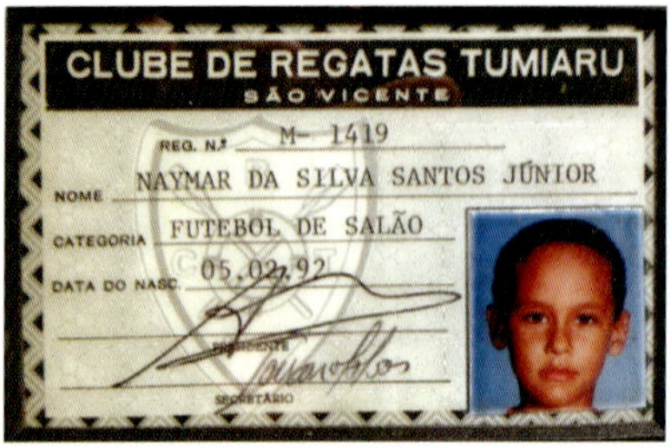

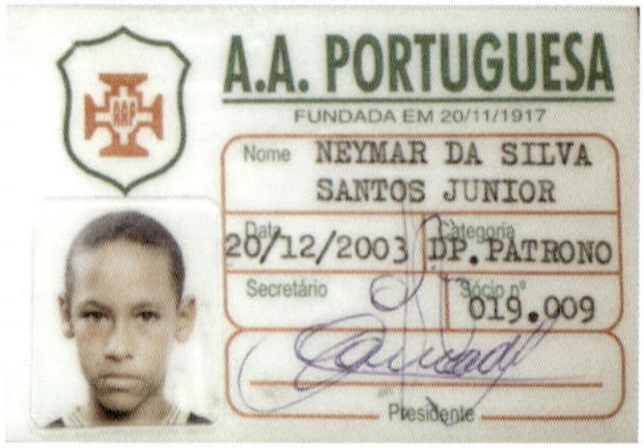

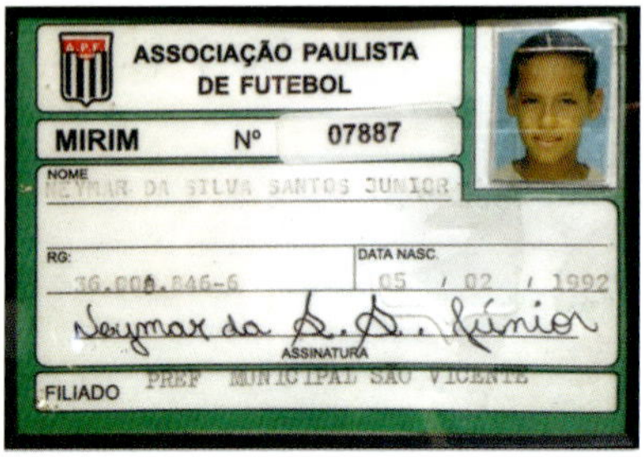

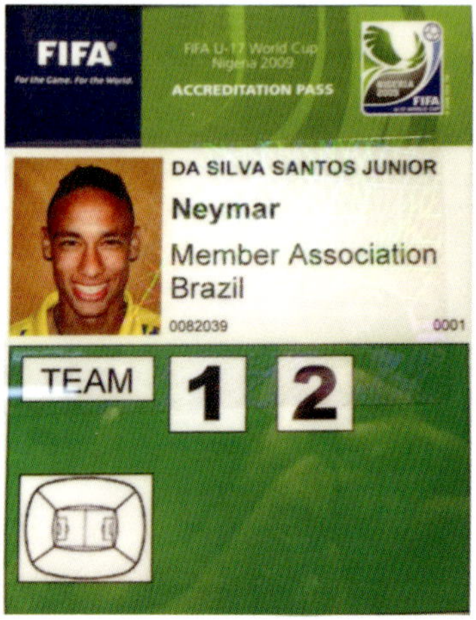

Die ersten Vereinsausweise

Ein entspannter Moment zwischen Vater und Sohn.

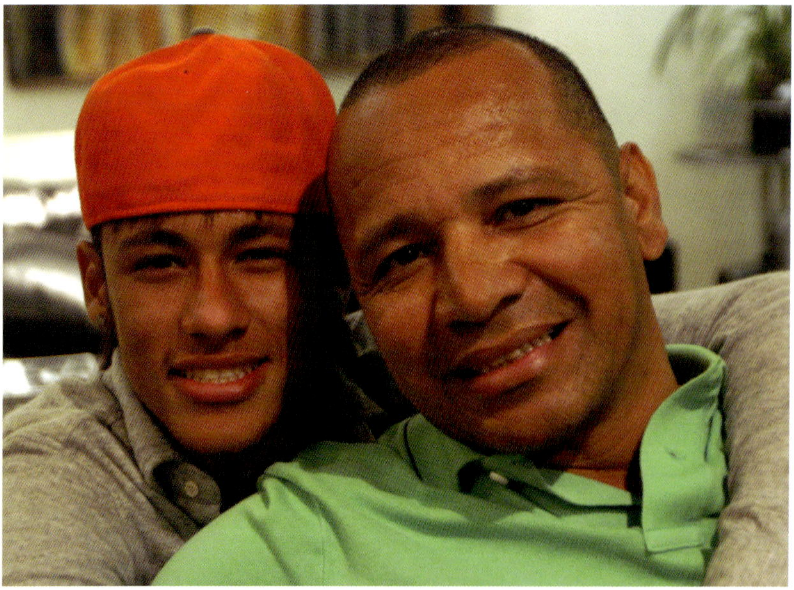

Vater und Sohn sind immer zusammen ...

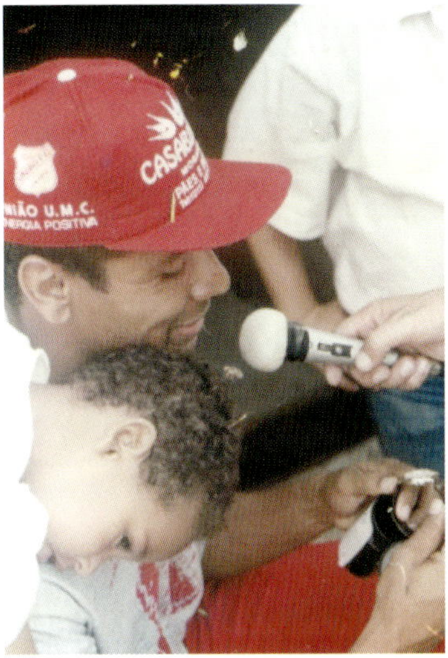

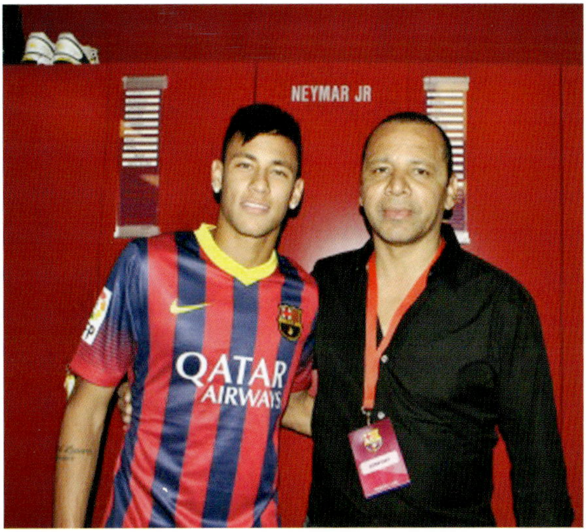

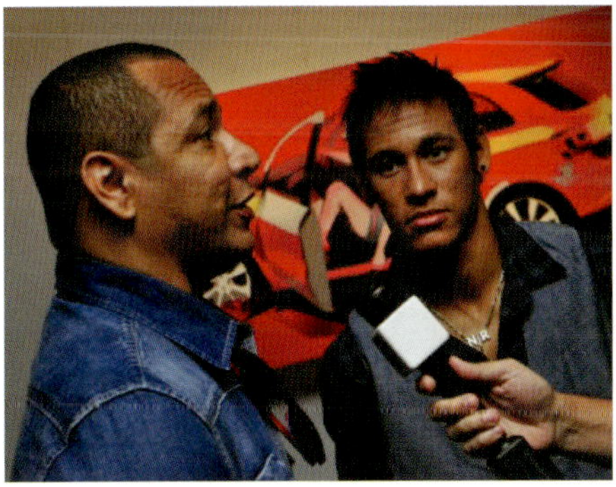

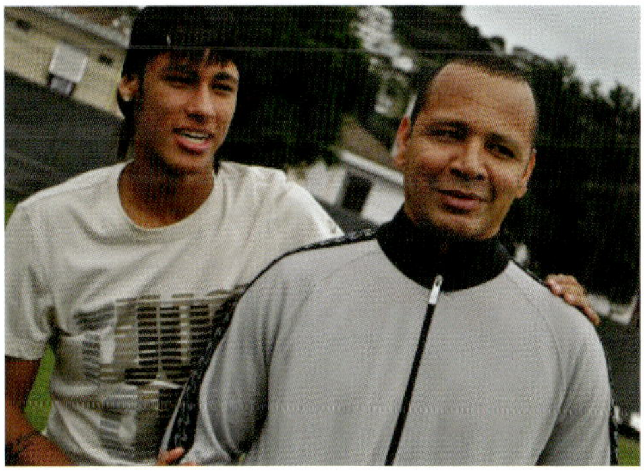

Unten links: Ein gerührter Neymar Jr. nach der Geburt seines Sohnes Davi Lucca.

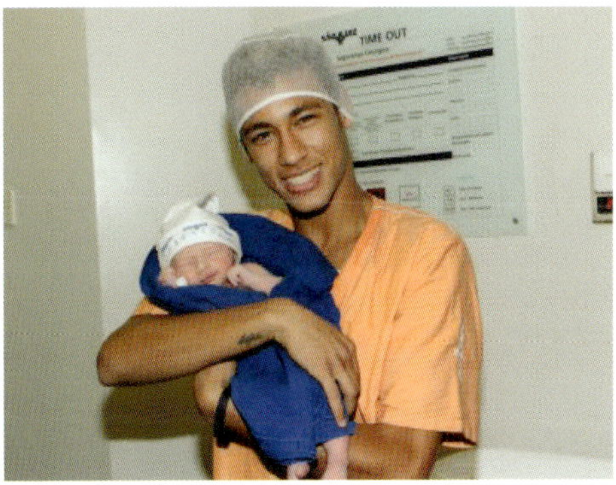

Unten rechts: im Trainingszentrum in Santos.

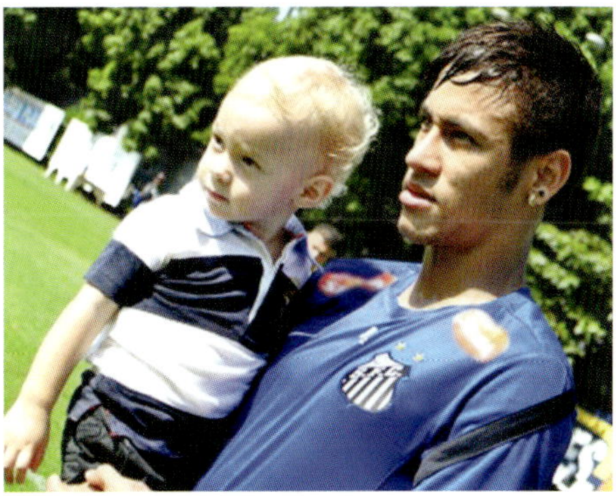

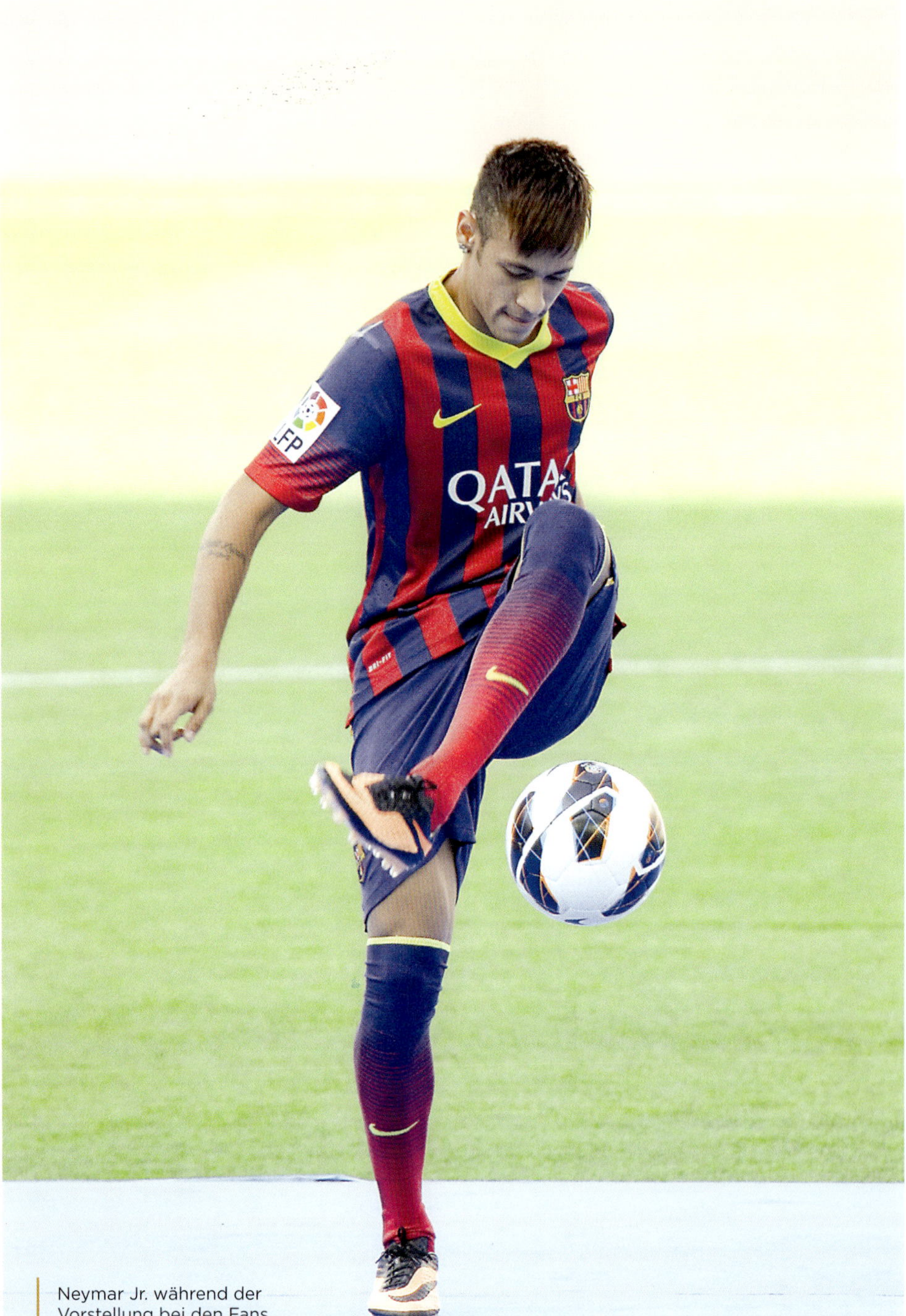

Neymar Jr. während der Vorstellung bei den Fans von Barcelona, 2013

nischen Meisterschaft, dem Brasileirão, landete Santos auf dem enttäuschenden zwölften Platz. Ich kam nur selten zum Zug. In solchen Momenten muss man viel Geduld aufbringen und bescheiden sein.

2010 – eine Odyssee im Vila Belmiro

Es war ein entscheidendes Jahr für mich. Ich konnte Erfahrungen in einem der besten Teams sammeln, in denen ich je gespielt hatte. Ich war glücklich – auf und neben dem Platz. Mir machte der Fußball sehr viel Spaß, und mit dieser Mannschaft zusammen zu sein und zu spielen war einfach unbeschreiblich. Es gelang mir, dieses wunderbare Gefühl in schöne Pässe, Tore und Siege zu verwandeln.

In der Hinrunde gewannen wir alles, was es zu gewinnen gab. Wir hatten zwar Freude am Spiel, traten aber gleichzeitig verantwortungsbewusst und diszipliniert auf. Im Trainingslager ging es sehr humorvoll zu und sogar auf dem Platz scherzten wir, wann immer es ging. Wir hatten viel Vertrauen in unsere Mannschaft, aber überheblich waren wir nicht. Wir waren zuversichtlich, wenn wir aufs Feld kamen. Die Mannschaft sagte sich: „Heute gewinnen wir!", und es funktionierte. Diese Zuversicht war ansteckend, und mit den vielen Talenten im Team fiel alles noch leichter.

Das Klima innerhalb des Vereins verbesserte sich weiter, als eines meiner größten Vorbilder aus Europa eintraf: Robinho. Als ich miterlebte, wie Robinho ins Vila Belmiro kam und vor ausverkauftem Haus vorgestellt wurde, konnte ich es kaum fassen. Robinho, mein Idol, spielte jetzt in meiner Mannschaft! Ich hatte ihn schon von der Tribüne aus beobachtet und natürlich im Fernsehen gesehen, aber ich hätte es mir nie träumen lassen, mit ihm gemeinsam bei Santos zu spielen. Wir wurden enge Freunde und ich habe viel von ihm gelernt. Das waren die besten Jahre meines Lebens. Wir waren glücklich, hatten Spaß und konnten unseren Fans und allen anderen, die Fußball lieben, viel Freude bereiten.

Unser Team hatte eine starke Abwehr: Rafael im Tor, Pará, Edu Dracena, Durval und Leo leisteten die Defensivarbeit und hielten den Angreifern den Rücken frei. Arouca und Wesley machten im Mittelfeld die Laufarbeit. Im Angriff spielte ich an der Seite von Ganso, Robinho und André. Ganso zeigte seine genialen Pässe, Robinho und ich dribbelten den Gegner schwindelig, und André sorgte vorn für den letzten Punch.

Ich bin ein großer Fan von André, denn er verfügt über die Intelligenz, sich so im Strafraum zu platzieren, dass er jede Vorlage in ein Tor verwandeln kann. Wir leisteten die Vorarbeit, und schon war er am Ball. Man konnte sicher sein, dass er immer an der richtigen Stelle stand. Wenn wir nicht gut genug gezielt hatten, schnappte er sich den Abpraller und verwandelte im zweiten Anlauf.

Als ich miterlebte, wie Robinho ins Vila Belmiro kam und vor ausverkauftem Haus vorgestellt wurde, konnte ich es kaum fassen.

So funktionierte unsere Mannschaft. Es war eine große Freude, selbst wenn ich nicht im Aufgebot stand. Bei einer Partie gegen Ituano fehlten Robinho und ich. Ich war gerade in den USA, konnte aber vor dem Spiel noch mal mit der Mannschaft sprechen. Ich bat meine Mitspieler, bei einem Tor an mich zu denken: „Macht eine Freiheitsstatue für mich." Madson antwortete: „Klar, kein Ding, machen wir." Und dann lag die Mannschaft 0:1 zurück. Ich wurde richtig wütend, als ich das Spiel in den USA im Fernsehen verfolgte. Weil ich abreisen musste, bekam ich von dem Rest der Partie nichts mehr mit. Da riefen André und Ganso mich an – das Spiel war vorbei und sie gaben gerade ein Interview. Wir rissen ein paar Witze und sie erzählten mir, dass Madson tatsächlich an die Hommage an mich gedacht hatte. Wie cool! Außerdem sagten sie mir, dass wir live auf Sendung seien und dass ich bitte keinen Blödsinn reden solle. Und dann teilten sie mir das Endergebnis mit: 9:1 für Santos!

So lief das ganze Jahr. Zwar schossen wir nicht immer so viele Tore, aber gewonnen haben wir fast immer. Bei der Regionalmeisterschaft, dem Paulistão, schlugen wir Santo André in zwei schwierigen Spielen. Anschließend gewannen wir auch den brasilianischen Pokalwettbewerb, die Copa do Brasil, nach zwei kniffligen Begegnungen gegen Vitória. Im Hinspiel im Vila Belmiro gewannen wir zwar, aber ich vergab einen Elfmeter mit dem Panenka-Heber, der vorher schon so gut funktioniert hatte. Ich dachte mir: *Okay, ich lupfe den Ball einfach in hohem Bogen genau mittig aufs Tor – der Keeper wird sich schon in eine der beiden Ecken werfen.* Schließlich war es ein Finale und ich konnte mir überhaupt nicht vorstellen, dass er einfach stehen bleiben würde. Weit gefehlt. Er rührte sich nicht vom Fleck. Ich dachte sofort: *Das gibt's doch nicht! Kann ich's bitte noch einmal versuchen?*

> So funktionierte unsere Mannschaft.
> Es war eine große Freude.

Nach diesem vergebenen Elfer begann mich das gesamte Vila Belmiro auszubuhen, sogar die Santos-Fans. Also dachte ich: *Leute, ich muss was tun, ich muss irgendetwas tun.* Ein Tor hatte ich schon geschossen, Santos hatte den Sieg vor Augen. Im Rückspiel im Barradão würde ein 1:1-Unentschieden für den Titelgewinn reichen, aber im Vila Belmiro wollte ich zu diesem Zeitpunkt nichts anderes, als meinen Fehler wieder wettmachen. Es gelang mir nicht. Dieses Heimspiel war eines der wenigen, nach dem ich ausgebuht wurde. Ein Finale! Das tat sehr weh, und zugleich war es mir eine Lehre.

DIE VILA-JUNGS 3.0

In den 1990er-Jahren zeichnete ich mich als Rechtsaußen eher durch Kraft als durch große Technik aus. Das waren andere Zeiten, es gab mehr Fußballer, die raffinierter und schöner spielten. Die technische Qualität der Spieler unterschied sich erheblich. Nur in seltenen Fällen gelang es einem Akteur aus einer unterklassigen Mannschaft, die um den Aufstieg in die Regionalligen und die erste brasilianische Liga kämpfte, in einen der Topvereine zu kommen. Aus diesem Grund hatte ich lange Zeit keinerlei Berührungspunkte mit den Großen der Branche. Heute haben die meisten Topteams und -spieler ein ähnliches technisches Niveau, damals war das anders. Heute würde sich für einen Spieler wie mich vielleicht irgendwo eine Chance auftun, aber früher, noch vor meiner Zeit, gab es keine Möglichkeit, sich einem etablierten Verein überhaupt zu nähern. Man muss sich das mal vorstellen: unter all diesen Spitzenleuten zu spielen, wie Aílton Lira (von Santos) und Dicá (Ponte Preta und auch mal kurzzeitig im Vila Belmiro) – Fußballern, die sich zwar nicht durch besondere Schnelligkeit auszeichneten, aber vor Kreativität strotzten und auf dem Platz jedes Problem zu lösen wussten.

Ich habe viele dieser Topleute spielen gesehen, denn sie waren entscheidend für einen der größten Erfolge von Santos. 1978 war Aílton Lira, ein routinierter Spielmacher, neben dem altgedienten Clodoaldo Teil eines legendären Teams im Vila Belmiro. Pita, Juari und viele mehr gehörten zu der fantastischen Elf, der Santastico, die in der Campeonato Paulista triumphierte. 2002 trugen Robinho und Diego dazu bei, mit dem Gewinn des brasilianischen Meistertitels eine längere Durststrecke zu beenden. Die Vereinsleitung investierte viel und eröffnete ein Nachwuchsleistungszentrum, das nicht zufällig „Meninos da Vila" (Vila-Jungs) genannt wurde. Wie die Mannschaft von 1978 und wie unsere neue Elf von 2010 – mit Neymar Jr., Ganso, André und dem nicht mehr ganz so jugendlichen, aber innerlich auf ewig jungen Rückkehrer Robinho.

Santos hat enorm viel investiert, und es hat sich gelohnt. 2010 wurden wir Staatsmeister und gewannen die Copa do Brasil gleich nach der Weltmeisterschaft. Alles mithilfe von Robinho und natürlich mit der ausgezeichneten Mannschaft, die von Dorival Júnior aufgebaut wurde. Mit Neymar Jr., der in Topform war und immer erfahrener wurde, und mit Paulo Henrique, der jetzt endgültig Ganso genannt wurde und herausragende Leistungen zeigte.

Mein Sohn spielte in diesem Team eine immer wichtigere Rolle. Er legte körperlich etwas zu und sein Bart wuchs. Er war zwar immer noch ein Junge und gerade 18 geworden, aber er trug schon die Verantwortung eines gestandenen Mannes. Die Zukunft stand ihm offen.

Mit der Verpflichtung von Robinho wurde 2010 für Santos vieles leichter. Die jungen Spieler hatten jemanden, der das Zepter in die Hand nahm und auf dem Platz immer präsent war, wenn es brenzlig wurde. Gleich bei Robinhos Debüt am 7. Februar setzten wir uns mit 2:1 gegen São Paulo durch. Er wurde eine halbe Stunde vor Spielende eingewechselt und hatte noch genügend Zeit für ein Traumtor, bei dem Rogério Ceni alt aussah. Der gefeierte Torhüter des FC São Paulo, der auch gelegentlich als Freistoß- und Elfmeterschütze brilliert, geriet in dieser Partie richtig in Rage: Es begann schon mit einem Treffer von Neymar Jr., einem clever verwandelten Elfmeter. Rogério beschwerte sich über die verzögerte Ausführung, die aber völlig regelkonform war. Ich habe die Aufregung nicht verstanden, aber so etwas kommt nun mal vor.

Beim Paulistão im Jahr 2010 erzielte Juninho in allen wichtigen Spielen Tore. Zwar vergab er einen Elfer zu Hause gegen Corinthians, aber gleich darauf brachte er Santos mit einem Weltklassetreffer mit 2:1 in Führung, was schließlich auch der Endstand war. Auch in dieser Partie wurde aufgeregt diskutiert, weil Juninho den Ball über Verteidiger Chicão gehoben hat, obwohl der Schiedsrichter schon abgepfiffen hatte. Das Manöver diente natürlich nur dazu, ein wenig Zeit zu gewinnen. Klar, dass er dabei ein wenig übertrieb, aber das war noch lange kein Grund, nach dem Spiel so über ihn zu reden. Es hieß, dass mein Sohn ein Angeber sei, ein Schauspieler. Juninho wollte nur einen kleinen Spaß machen, so wie viele andere das auch tun.

Fußball ist eben so. Wenn du gewinnst, ist alles ein Spektakel. Wenn du verlierst, dann wird diskutiert ohne Ende. Das betrifft nicht nur den Gegner, sondern auch uns. Im Fußball gibt es keine Heiligen. Obwohl ... Es gibt den Santos Futebol Clube,[12] und der ist zweifellos herausragend.

In den Halbfinalspielen gab es zwei glänzende Siege gegen São Paulo. Beim 3:2 im Hinspiel im Morumbi-Stadion führten wir in der ersten Halbzeit schon mit 2:0, dann bauten wir ab und der Gegner schaffte den Ausgleich. Aber schließlich gelang Durval der Siegtreffer. Das Rückspiel im Vila Belmiro ging 3:0 für uns aus. Das zweite Tor schoss Juninho. Wieder ein Elfmeter gegen São Paulo, wieder eine Finte gegen Rogério. Also hatten wir es ein weiteres Mal ins Finale des Paulistão geschafft. Das ganze Stadion schrie: „Ao, ao, ao, Neymar in die Seleção!" Aber ich will fair bleiben, die ganze Mannschaft spielte ausgezeichnet – Robinho, André, Marquinhos, Arouca, Wesley. Und natürlich Ganso. Die Presse forderte Nationaltrainer Dunga anschließend mehrfach auf, ihn und Neymar Jr. für die Weltmeisterschaft 2010 zu nominieren. Träumen kostet nichts. Mein Sohn und ich haben hart daran gearbeitet, unsere Träume Wirklichkeit werden zu lassen. Der Titelgewinn bei der Campeonato Paulista war auch so ein Traum.

> Aber ich will fair bleiben,
> die ganze Mannschaft spielte ausgezeichnet.

12 Santos ist der Name der Stadt, aber „santos" bedeutet auf Portugiesisch auch „die Heiligen".

Die beiden Finalspiele gegen Santo André fanden im Pacaembu statt. Wir wandelten einen 0:1-Rückstand in ein 3:2 um, André spielte herausragend. Juninho wurde in der Halbzeit mit Augenproblemen ausgewechselt, es war kein guter Tag für ihn. Unsere Mannschaft zeigte keine gute Leistung, aber wir gewannen.

Im Endspiel am darauffolgenden Sonntag hatten wir einen leichten Vorteil. Wir wussten, dass das Spiel hart würde, aber dass es so hart würde, hatten wir nicht gedacht. Santo André ging schon nach 25 Sekunden in Führung. Neymar Jr. gelang nach sieben Minuten der Ausgleichstreffer, ein schönes Tor. Er traf noch ein weiteres Mal und unser Team machte seinen Job trotz Unterzahl durch mehrere Platzverweise gut. Nach 90 Minuten lagen wir 2:3 hinten, und das reichte so gerade. Nach Hin- und Rückspiel stand es 5:5, aber Santos hatte als besseres Vorrundenteam die Nase vorn. Ein Garant für den erneuten Titelgewinn war Ganso, der sich als echter Leader erwies: Immer wieder nahm er sich den Ball, holte wichtige Zeit heraus und half schließlich entscheidend dabei, den Titel zu gewinnen. Der Trainer hatte ihn schon auswechseln wollen, aber das ließ er nicht zu. Stattdessen führte er die dezimierte Mannschaft zum Triumph.

Da ich als Santos-Fan geboren wurde, war ich natürlich überglücklich, ganz klar. Aber diesmal war das Gefühl noch schöner, denn es hat jemand mitgespielt, der zu meiner Familie gehört. Das fühlt sich unbeschreiblich gut an. Es war ein ausgesprochen hartes Spiel, und ich sprang vor Glück in die Luft, als ich sah, wie mein Sohn die Medaille des neuen Meisters von São Paulo entgegennahm. Bei der Ehrenrunde trug er das Trikot, das früher Pelé, Pepe, Zito, Clodoaldo, Carlos Alberto Torres, Pita, Juari und Serginho Chulapa, Paulo Isidoro, Robinho, Diego und vielen anderen Spitzenspielern gehört hatte, die Geschichte im Vila Belmiro geschrieben hatten. Im Pacaembu, im Morumbi, im Maracanã. Und in vielen weiteren Stadien in der ganzen Welt.

Jetzt gehörte auch mein Sohn zu diesem Verein, der mehrfacher Meister war, und hatte zu einem Titelgewinn beigetragen. Und was noch besser war: Es war der erste von vielen Erfolgen. Ich war überzeugt, dass diese Mannschaft noch vieles erreichen konnte, aber mit so viel hatte ich dann, ehrlich gesagt, doch nicht gerechnet. Es ging alles sehr schnell.

Der Staatsmeistertitel baute die junge Mannschaft aus Santos auf. Als Fan der Seleção und des Teams von Santos und natürlich als Juninhos Vater konnte ich allerdings meine Traurigkeit darüber nicht verbergen, dass weder Neymar Jr. noch Ganso bei der WM 2010 in Südafrika zum Einsatz kamen. Natürlich ist das Sache des Trainers, aber sogar Pelé und Zico hatten sich für die beiden eingesetzt, und selbst Messi war verblüfft, dass die Jungs nicht berücksichtigt wurden. Es war nichts zu machen. Wir mussten die Entscheidung respektieren.

Nach dem Jammer über den verpassten WM-Titel bekamen wenigstens die Santos-Fans ein kleines Trostpflaster, denn Santos schnappte sich die Copa do Brasil. Ein Titel, der dem FC Santos nach herausragenden Leistungen mit zahlreichen Toren im Verlauf des Wettbewerbs zustand. Im

Vila Belmiro legte Santos gleich im Auftaktduell gegen Naviraiense ein 10:0 hin. Dabei erzielte Neymar Jr. zwei Treffer. Danach ging es in diesem Rhythmus weiter, in Belém siegte Santos 4:0 gegen Remo, und auch hier gingen zwei Tore auf das Konto meines Sohnes. In der nächsten Runde dann ein weiteres beeindruckendes Ergebnis: 8:1 gegen Guarani im Vila Belmiro.

Im Viertelfinale folgte nach einer 2:3-Niederlage gegen Atlético Mineiro ein famoser 3:1-Heimsieg mit einem Tor von Neymar Jr. Im Halbfinalhinspiel erlitt das Team einen schweren Rückschlag, denn in Porto Alegre setzte es eine schmerzhafte 3:4-Niederlage gegen Grêmio. Doch im Rückspiel lief das Team von Dorival Junior zu Topform auf, gewann mit 3:1 und qualifizierte sich für das Finale.

Das Hinspiel gegen Vitória im Vila Belmiro gewann Santos mit 2:0. Neymar Jr. vergab einen Elfmeter, war aber später aus dem Spiel heraus treffsicher. Im Anschluss an die Partie gab es eine Menge Diskussionen über den vermasselten Elfer: Juninho hatte einen Lupfer versucht, doch der Torwart von Vitória konnte den Ball halten, ohne sich einen Zentimeter zu bewegen. Der Trainer meinte nachher: „Hätte Neymar getroffen, wäre er jetzt der Größte. So aber sagen alle, es war fahrlässig." So läuft es eben.

Beim Finalrückspiel auswärts im Barradão gelang Mannschaftskapitän Edu Dracena ein sehenswertes Kopfballtor und Santos holte endlich den Titel, der noch in seiner Sammlung fehlte: die Copa do Brasil. Ein weiterer Erfolg, den wir sehr gefeiert haben. Es war das Ergebnis des Einsatzes eines sehr jungen, aber spielstarken Teams. Der

Titelgewinn gab den Jungs und vielen Fans das Gefühl, dass der brasilianische Fußball wieder auf einem guten Weg war. Man musste eben nur die richtigen Entscheidungen treffen.

In nur sechs Monaten hatte die Mannschaft 130 Tore geschossen. Mit Neymar Jr., Ganso, Robinho, Marquinos, André, Arouca und Wesley waren exzellente Spieler in ihren Reihen, und darüber hinaus spielte die Abwehr überragend. Doch nach wie vor gab es viele, die das Team und meinen Sohn kritisierten. Sie behaupteten, die Spieler machten zu viele Mätzchen und Juninho übertreibe es mit den Schwalben. Ich sah das anders. Für mich waren die Mannschaft und Neymar Jr. auf dem richtigen Weg. Sie waren auf dem Weg, sich ihre Träume zu erfüllen, die noch über den Staatsmeistertitel und den Sieg in der Copa do Brasil hinausgingen.

Das waren viele Emotionen für das Herz eines Vaters, das Herz eines Fans und eines Spielers. Neymar Jr. kam aus der Fankurve, hat sich im Verein entwickelt und die ganze Schule durchgemacht. Juninho ist ein Peixe, ein echter Santista! Er hat den Verein zwar verlassen, aber vergessen wird er ihn niemals. Der FC Santos ist seine Wiege. Das Vila Belmiro ist unsere Heimat.

ICH BLEIBE

Es kommt mir vor, als wäre es gestern gewesen. Es war der 23. August 2010, als sich mein Vater und ich zu einer Besprechung mit dem Vereinspräsidenten Luis Alvaro im Vila Belmiro trafen. Chelsea hatte ein ausgezeichnetes Angebot vorgelegt. Mitten im Gespräch schaltete der Präsident das Licht aus und zeigte auf einen leeren Stuhl: „Das ist der Stuhl eines der größten Idole der brasilianischen Sportgeschichte, Ayrton Senna. Seit seinem Tod ist dieser Stuhl leer. Wenn Neymar Jr. bei Santos bleibt und das Angebot von Chelsea ablehnt, ist das ein erster Schritt, um irgendwann auf diesem Stuhl Platz zu nehmen."

Die Taktik zeigte Wirkung. Sie gab den Anstoß zum „Projekt Neymar", einer ausgeklügelten Strategie, die sogar mit einem Marketingpreis bedacht wurde. Mein Vater wollte dieses Projekt, um nicht nur mein Verbleiben bei Santos bezahlen zu können, sondern auch meiner Familie zu helfen und mein Engagement abseits des Fußballs zu fördern. Es hatte eine große Wirkung auf uns und den gesamten brasilianischen Fußball. Niemals wurde etwas Ähnliches auf die Beine gestellt, um einen Sportler im Land zu halten.

Am Ende profitierten alle davon. Nicht nur in finanzieller Hinsicht, sondern wegen allem, was wir für Santos und den brasilianischen Fußball leisteten. Alle waren bei dieser Besprechung sehr nervös, schließlich ging es um meine Zukunft. Die Entscheidung war richtungweisend für mein Leben, ganz egal, wie sie ausfiel. Danach rief Pelé an. Unglaublich, der *Rei* persönlich wollte mich dazu bewegen, bei Santos und in Brasilien zu bleiben. Er erinnerte mich an seine Karriere im Vila Belmiro, an die fünf WM-Titel für die Seleção und an die Anerkennung, die er sich erarbeitet hatte. Klar, das waren andere Zeiten, eine andere Welt, ein anderer Fußball, aber sein Plädoyer beeinflusste meine Entscheidung und die meines Vaters nachhaltig. Ich hatte keine Zweifel mehr. Das Nein, das wir 2006 gegenüber Real Madrid ausgesprochen hatten, wiederholten wir vier Jahre später gegenüber Chelsea.

Wir haben das Richtige getan, im Sinne der Familie, Freunde und der Karriere. Mit unseren nun noch festeren Wurzeln im Vila Belmiro trugen wir dazu bei, mehr Geld und Fans zum FC Santos zu bringen und sogar das Ansehen des brasilianischen Fußballs wieder zu stärken. Ich bin froh, dass ich so offen mit meinem Vater und mit der Vereinsleitung gesprochen habe. Wieder dachten wir mehr an meine Zufriedenheit und meine Entwicklung als Sportler als an das Geld. Ich bin nicht käuflich. Zwar ist Geld sehr nützlich, aber es ist nichts, was mein Leben bestimmt. Das ist Gott, das sind meine Eltern. Ich bin vernünftig und stehe mit beiden Beinen fest im Leben. Deshalb konnte ich diese Entscheidung treffen.

Ich bin nicht käuflich. Zwar ist Geld sehr nützlich, aber es ist nichts, was mein Leben bestimmt.

Bei der brasilianischen Meisterschaft, dem Brasileirão, lief es zugegebenermaßen nicht so gut. Ein Grund dafür war, dass Robinho den Verein verließ, denn er musste nach Europa zurück. Obwohl wir nur auf dem achten Tabellenplatz lagen, hatte ich 17 Tore geschossen und war am Ende der Saison Vizetorschützenkönig.

Vielen blieb diese Saison vor allem aufgrund eines Disputs mit unserem Trainer Dorival Júnior am 15. September in einem Spiel gegen Atlético Goainense im Vila Belmiro in Erinnerung. Es stand 3:2 für uns, als uns ein Elfmeter zugesprochen wurde. Ich trainierte regelmäßig Strafstöße und trat in der Regel an, auch wenn ich schon ein paar vergeben hatte. Als der Trainer Marcel aufforderte, den Elfer zu schießen, kam es zu einer Meinungsverschiedenheit. Auch unser Mannschaftskapitän Edu Dracena mischte sich lautstark ein. Das waren keine schönen Szenen, aber auch so etwas gehört dazu. In der Kabine war die Stimmung immer noch gereizt. Wir regten uns beide auf, versöhnten uns aber schließlich. Er rief mich zu sich, sagte mir, was er zu sagen hatte, und wir begruben den Streit. Alles schien erledigt zu sein, als Dorivals Assistent das Thema erneut aufbrachte und es wieder hitzig wurde. Eine Differenz, die eigentlich schon aus der Welt geräumt war, wurde wieder aufgewärmt, was damit endete, dass ich eine Strafe bekam. Die Vereinsleitung wollte, dass ich für ein Spiel gesperrt würde, aber der Trainer forderte mehrere Spiele. Das war Auslöser für diverse Meinungsverschiedenheiten und schließlich entließ die Vereinsleitung unseren Coach.

Ich streite nicht gern. Wenn es mal dazu kommt, dann ist viel häufiger eine Situation auf dem Feld der Auslöser als etwas, was ich fernab des Platzes gesagt oder getan habe. Ich würde nie etwas gegen einen Mitspieler unternehmen und noch weniger gegen einen Vorgesetzten. Wenn es Anweisungen gibt, befolge ich sie. Auch deshalb stehe ich da, wo ich heute bin. Aber während eines Spiels, im Eifer des Gefechts, vergesse ich mich manchmal und verliere den Kopf.

Es tat mir sehr leid, dass der Trainer, mit dem ich regionaler und brasilianischer Meister wurde und der mir viel geholfen hatte, den Verein verlassen musste. Zum Glück sind wir beide nicht nachtragend. Im November 2010, als er bereits in Diensten von Atlético Mineiro stand, bestand ich darauf, ihn herzlich zu umarmen. Dorival ist ein toller Mensch.

Im Leben und im Fußball geht es darum, Freundschaften zu schließen, und nicht darum, sich Feinde zu machen. Auch Freunde aus anderen Vereinen. Konkurrenten. Wie Paulinho, der Spielmacher von Corinthians, mein Mannschaftskamerad aus der Nationalelf. Er ist ein echter Freund, spielt aber bei unserem größten Rivalen. Wo liegt das Problem? Obwohl die Auseinandersetzung, die ich mit Dorival Júnior hatte, überhaupt nichts Besonderes war, interpretierten eine Menge Leute etwas hinein und stellten dabei die abenteuerlichsten Theorien auf. Das ist die Kehrseite des Ruhmes und etwas, womit ich noch besser klarkommen muss. Anders als meine Dribblings und Tricks habe ich das nämlich nicht schon von klein auf geübt.

Ich weiß, dass ich in der Sache mit Dorival einen großen Fehler gemacht habe. Das war einer der schlimmsten Tage meines Lebens. Und es passte auch so gar nicht zu mir. Ich muss noch viel lernen und mich weiterentwickeln, um reifer zu werden, aber ich habe sowohl persönlich als auch beruflich schon Fortschritte gemacht. Bei diesem Elfmeter wollte ich nur der Mannschaft helfen. Das waren keine Starallüren, ich war einfach nur zu nervös. Also begann ich nicht nur mit dem Trainer zu streiten, sondern auch mit anderen Leuten und mit unserem Kapitän. Ich fühlte mich richtig mies, als der Coach entlassen wurde, denn ich hatte das Gefühl, ich sei dafür verantwortlich, dass es derart eskalierte. Auch wenn alle sagten, dass es nicht meine Schuld war, blieb dieses Gefühl. Auch weil Dorival so ein klasse Typ ist.

> Ich weiß, dass ich in der Sache mit Dorival einen großen Fehler gemacht habe. Das war einer der schlimmsten Tage meines Lebens.

Der Tag, an dem Dorival entlassen wurde, war der Tag, an dem ich am meisten geweint habe. Ich war am Boden zerstört. Ich weiß noch, dass mein Vater krank war und mich, als ich nach Hause kam, genauso verweint empfing wie meine Mutter. Sie hatte schon während des Spiels die ersten Tränen vergossen, als sie sah, was auf dem Platz geschah. Das sei nicht der Sohn, den sie großzogen hatte, ließ sie mich wissen. Das sei nicht der Juninho, den sie kannte. Das geht mir bis heute sehr nah. Danach war ich noch deprimierter als ohnehin schon. Doch andererseits half es mir, mich weiterzuentwickeln, erwachsener und stärker zu werden. Und es half mir dabei, einen solchen Fehler nicht ein zweites Mal zu begehen.

An den folgenden Tagen schaltete ich nicht gerne den Fernseher ein. Alle redeten schlecht über mich und machten mich zur Schnecke. Ich schlief schlecht und bat minütlich Gott um Verzeihung. Ohne meine Freunde und meine Familie hätte ich es nicht geschafft, mich von diesem Tiefschlag zu erholen, und wäre bestimmt nicht dort angelangt, wo ich heute bin. Ich hätte wohl die Fußballschuhe an den Nagel gehängt.

Meine Freunde standen mir wieder einmal zur Seite, genau wie meine Familie. Ich wollte nicht aus dem Haus gehen und sie blieben bei mir. Sie sind treu und wie Brüder für mich. In einer Bäckerei in der Nachbarschaft hing ein Plakat, auf dem ich übel kritisiert wurde. Meine Freunde wollten es denen zeigen, aber ich war dagegen. Ich bin der Meinung, dass Fans immer sagen dürfen, was sie denken.

Ich machte meine Erfahrungen auf die harte Tour, und die Zuneigung meiner Freunde und Angehörigen half mir. Fehler darf man nicht entschuldigen, man muss daraus lernen, damit sie sich nicht wiederholen. Außerdem muss man die Ruhe bewahren. Das haben mir meine Eltern beigebracht. Wenn ich in der Klemme stecke oder Fehler mache, dann steht meine Familie zu mir. Sie sind meine treuesten Fans.

DAS JAHR 2011

Der Paulistão – die Meisterschaft des Bundesstaats São Paulo

Im Mai 2011 fand das Finalrückspiel der Campeonato Paulista statt. In der 83. Minute gelang Juninho ein geschickter Schuss mit dem linken Fuß. Der gegnerische Torwart, Júlio César, konnte den Ball nicht halten und musste zusehen, wie er ins Tor kullerte. Es war wie in einem Spielfilm, oder sagen wir besser: wie in einer Trilogie. Obwohl es erst das zweite Kapitel in der Serie der drei Meistertitel im Paulistão darstellte.

Unser Trainer Adilson Batista verließ den Verein zu Beginn der neuen Saison, kurz nach der Rückkehr von Neymar Jr. von der U20-Nationalmannschaft, die in Peru Südamerikameister geworden war. Juninho hatte kaum Zeit gehabt, unter Adilson zu trainieren, als dieser dem Vila Belmiro schon wieder den Rücken gekehrt hatte. So läuft das im brasilianischen Fußball.

Für Santos war der Weg zum Erfolg kein Spaziergang. Ganso musste etliche Spiele pausieren, um sich von einer Knie-OP zu erholen. Er nahm nur an acht Begegnungen teil. Doch nur ein einziger Auftritt von Ganso auf dem Platz reichte aus, um einen Unterschied zu machen. Er ist ein echter Star.

Da Robinho 2011 nicht mehr dabei war, zog die Vereinsleitung einen anderen Routinier aus der Zaubermannschaft von 2002 bis 2004 an Land: Elano kehrte aus Europa zurück und trat auf, als wäre er nie fort gewesen. Er spielte ausgezeichnet und trug mit seiner Erfahrung erheblich zur Entwicklung der Mannschaft bei – auf und neben dem Platz. Für seine Mitspieler war er wie ein großer Bruder.

In den ersten sechs Begegnungen des Paulistão spielte Juninho in der U20 und Ganso war noch verletzt. Santos stand an der Tabellenspitze. Wir gewannen vier Spiele und erzielten zwei Unentschieden. Im Durchschnitt trafen wir dreimal pro Spiel. Doch dann ging alles den Bach runter. Nach diesem so hervorragenden Saisonauftakt gewannen wir nur noch drei von sechs Partien. Unser erstes Spiel bei der Copa Libertadores in Venezuela endete unentschieden, und im Anschluss nahm Adilson seinen Hut – auch deshalb, weil er bei der Mannschaftsaufstellung nie aus dem Vollen schöpfen konnte. Kotrainer Marcelo Martelotte machte seine Sache als Interimscoach gut. Mit ihm gewann Santos sechs Spiele, erzielte ein Unentschieden und verlor nur eine einzige Begegnung. Dann kam Muricy Ramalho.

Er konnte wieder auf Ganso zählen, dessen Formkurve langsam wieder nach oben zeigte. Er stellte Danilo im Mittelfeld auf und setzte mehr auf die Verteidigung, sodass wir unsere Gegner nicht mehr zum Zug kommen ließen.

Die Topspieler waren allerdings erst im Viertelfinale des Paulistão wieder dabei, als wir gegen Ponte Preta gewannen. Im Halbfinale, das in einem einzigen Duell ausgetragen wurde, trafen wir im voll besetzten Morumbi-Stadion auf São Paulo. Unser Gegner war der Favorit und glaubte, ein leichtes Spiel gegen uns zu haben. Zu früh gefreut. Es wurde ein sehr glücklicher Nachmittag für alle Santos-Fans, vor allem für meinen Sohn und seinen Mannschaftskameraden Ganso – am Ende stand ein 2:0 für Santos, ein großer Erfolg.

Unser Problem war, dass wir noch an zwei Fronten kämpften: bei der Copa Libertadores und in der Campeonato Paulista. Ganso gelang es nicht, die erste Halbzeit des Endspiels im Pacaembu zu beenden. Wir erreichten ein torloses Unentschieden gegen die schwarz-weißen Rivalen aus São Paulo, ohne Tor und ohne Ganso, auch weil die Torlatte es nicht gut mit uns meinte. Neymar Jr. hätte an jenem Sonntagnachmittag im Pacaembu-Stadion fast ein Tor erzielt. Eine Zeitung schrieb am nächsten Tag: „Neymar gegen alle." Ganz so war es nicht, die Presse übertrieb. Aber mein Sohn hat sich mindestens siebenmal überragend in Szene gesetzt: mit zwei Lattentreffern, ein paar Dribbeleinlagen, Finten, Haken, Richtungs- und Tempowechseln. Er war wirklich sehr gut drauf, er spielte wie ein Großer.

Im Finalrückspiel im Vila Belmiro steigerte sich die gesamte Mannschaft und holte erneut den Meistertitel des Bundesstaates São Paulo. Ein unvergesslicher Erfolg. Mein

Sohn steuerte das letzte Tor bei und wir feierten ausgelassen einen weiteren Rekord des FC Santos: Keinem anderen Verein war es seit 1902 häufiger gelungen, zweimal hintereinander die Regionalmeisterschaft zu gewinnen. Wir haben es zum sechsten Mal geschafft. Meister zu werden ist nicht einfach, aber den Titel zu verteidigen ist die größere Herausforderung. Zum dritten Mal die Copa Libertadores zu gewinnen, das wäre natürlich noch besser.

Die Copa Libertadores

Was für eine Aufregung als Fan und als Vater! Seit 1962 hatte meine Mannschaft die Copa Libertadores nicht mehr gewonnen, damals gelang der Erfolg gegen Peñarol, doch ich hatte das Spiel verpasst. Auch den zweiten Titelgewinn 1963 gegen Boca Juniors, mit all diesen Weltklassespielern und Pelé als Kapitän, hatte ich nicht gesehen. Jetzt platzte ich vor Stolz. Mitten auf dem Spielfeld feierte mein Sohn mit all seinen Mitspielern und Trainer Muricy Ramalho, der die Mannschaft so hervorragend geführt hatte. Ein schönes Bild.

Diese Szenen sind Bestandteil des offiziellen Films zum 100-jährigen Bestehen des Clubs. Die Fans singen und Juninho kniet mit erhobenen Armen auf dem Rasen und feiert den Triumph. Es war wunderschön, das weiße Fanmeer im Pacaembu-Stadion zu sehen. Santos hatte zum dritten Mal die Copa Libertadores de América geworden.

Diesen Erfolg erreichten wir durch eine konstant starke Vorrunde und dank eines klasse Finalspiels gegen Peñarol. Beim 0:0 im Hinspiel in Montevideo hatten wir schwer zu kämpfen. Ich glaube, ich litt am meisten, weil mein Sohn so viel einstecken musste. Die gegnerische Mannschaft war schlagkräftig, der Verein ist traditionsreich und konnte schon viele Erfolge verbuchen. Aber wir hatten mehr zu bieten. Wir zeigten die bessere Leistung.

Es war der erste Triumph bei den Libertadores seit der Ära Pelé, und es war überwältigend, den *Rei* mit den anderen auf dem Rasen zu sehen. Er feierte unseren 2:1-Erfolg in dem Wettbewerb, in dem er 1962 und 1963 den Titel errungen hatte.

Einige Mannschaftskameraden meines Sohnes wurden im Laufe des Wettbewerbs kritisiert, aber in den meisten Fällen ungerechtfertigt. Zé Love zum Beispiel war für die taktischen Planungen von Muricy Ramalho sehr wichtig gewesen und hatte dem Team sehr geholfen. Er war ein Kämpfer und ein wichtiger Baustein in der Mannschaft. Fans und Presse hatten das nicht verstanden. Einen internationalen Titel gewinnt man nicht, weil ein paar Talente in der Mannschaft spielen. Die ganze Truppe muss stark sein und dem Trainer viel Handlungsspielraum bieten. Hinzu kommen die grundlegenden Arbeitsbedingungen für den Coach, die stimmen müssen. Für diese Mannschaft gab die Vereinsleitung alles, und sie wurde nicht enttäuscht.

Auch dieser Sieg führte über Juninho. Ein schöner Pass von Arouca aus dem Mittelfeld erreichte ihn auf der linken Seite, und er hatte keine andere Wahl, als sofort zu schießen, denn der uruguayische Verteidiger war schon im Anmarsch. Und das tat er. So gelang ihm das entscheidende Tor. Das Spiel war hart, aber wir erarbeiteten uns viel mehr Möglichkeiten als der Gegner. Wir hatten sicher ein gutes Dutzend Torchancen, man hört irgendwann auf mitzuzählen. Heute kann man das ohnehin nicht mehr nachvollziehen, aber es gibt immer jemandem, der einem gleich danach die genaue Statistik auftischt.

Ein Tor zu schießen ist immer ein unbeschreibliches Gefühl. Wenn man aber noch keine 20 ist und das Tor erzielt, das seinem Verein zu dem Titel verhilft, den er seit 48 Jahren nicht mehr gewinnen konnte, dann ist das etwas Besonderes. Es ist leichter, den Ball zu platzieren, als das in Worte zu fassen, was uns damals durch den Kopf ging, Juninho eingeschlossen. Ich erinnere mich nicht mehr daran, wie ich im Stadion gejubelt habe. Tausende von Herzen schlugen zeitgleich höher. Und meines wäre mir fast aus der Brust gesprungen. Ehrlich gesagt, fehlen mir die Worte. Es waren so viele Emotionen im Spiel, und das wird auch immer so sein, wenn ich daran zurückdenke. Ich weiß, es werden noch mehr gewonnene Titel hinzukommen, irgendwann, aber dieser Erfolg, für den Juninhos starke Leistung mit ausschlaggebend war, war wirklich etwas Besonderes.

Tausende von Herzen schlugen zeitgleich höher.
Und meines wäre mir fast aus der Brust gesprungen.

Südamerikameister! Es ist einfach unbeschreiblich. Durch ein Tor meines Sohnes! Das spielentscheidende Tor, das uns so viel Sicherheit gab, dass wir das Ergebnis sogar noch erhöhen konnten, so wie Muricy es wollte. Zur großen Freude der Santos-Fans fiel in der 68. Minute das 2:0. Ein

Treffer der Nummer 22, Danilo. An jenem 22. Juni 2011, wir waren elf Santos-Spieler auf dem Rasen. 22 Spieler insgesamt. Die Mannschaft spielte hervorragend zusammen. Es hilft nichts: Wenn man Meister werden will, dann muss man auf dem Platz genau so auftreten, wie wir es taten, und man muss Fans haben wie die Fans des FC Santos. Wir waren konzentriert, wir waren ein Team, wir waren Titelgewinner. Dreimaliger Titelgewinner.

Der Gegner machte uns noch schwer zu schaffen. Er kam heran und setzte uns unter Druck, wir vergaben eine ganze Reihe von guten Chancen. Am Ende stand es 2:1, aber das Ergebnis hätte deutlicher ausfallen können.

Wir traten den Beweis an, dass es möglich war, Südamerikameister zu werden, wenn man guten Fußball spielt. Wenn man spielerisch stark auf aggressiv und teils provokant auftretende Gegner reagiert. So haben wir es gemacht – und wir haben gewonnen. Auf dieselbe Weise, wie Pelé es zuvor mit seinem großen Team zweimal geschafft hatte. Mit echtem Fußball und mit Siegen für den Santos Futebol Clube. Immer auf Ballhöhe. Mit fairen Mitteln. Das Tor von Peñarol habe ich überhaupt nicht gesehen, denn ich war schon auf dem Weg hinunter in die Kabine. Ich hörte nur die Schreie der Fans von Uruguay und litt bis zum Abpfiff in einem Raum im Kabinentrakt, in dem ein kleiner Fernseher stand. Ich konnte zwar kaum etwas sehen, aber als alles vorbei war, jubelte ich, als gäbe es kein Morgen.

Es war ein besonderer Erfolg, den man bis in alle Ewigkeit feiern kann. Ich brauchte eine halbe Ewigkeit, bis ich endlich zu Juninho durchkam. Es dauerte allein 40 Minuten, bis die Santos-Spieler endlich die Trophäe in den Himmel recken durften. In der Kabine war viel los, es war eine Menge Presse vor Ort und alle wollten Interviews. Als ich endlich meinen Sohn umarmen konnte, gratulierte ich ihm, erinnerte ihn aber auch kurz an ein paar verpasste Chancen und schlechte Pässe. Und auch er erwähnte die Situationen, bei denen er eine falsche Entscheidung getroffen hat. Das machen wir immer so. So sind wir eben.

Meinetwegen kann es gerne noch einmal 48 Jahre dauern, bis Santos erneut den Titel holt, wenn es sich nur genauso anfühlt wie beim letzten Mal.

Copa América[13]

Schade. Nach dem Erfolg des FC Santos bei der Campeonato Paulista und bei der Copa Libertadores lief es für Brasilien bei der Südamerikameisterschaft weniger gut. Ich war zwar nicht übermäßig traurig über unser Ausscheiden und auch nicht unzufrieden mit der spielerischen Leistung von Neymar Jr., aber etwas Frust machte sich dennoch bemerkbar. Wichtig war allerdings, dass er als guter Spieler in Argentinien anreiste und als reiferer Spieler zurückkam. Aus Niederlagen lernt man eine Menge.

Es war immer der Traum meines Sohnes, in der Seleção zu spielen. Beim Debüt von Mano Menezes im August 2010 gegen die USA wurde sein Traum wahr. Bei der Copa América 2011 im ersten Spiel gegen Venezuela lief es nicht

13 Die Copa América ist ein Turnier für die Nationalmannschaften auf dem südamerikanischen Kontinent. Ermittelt wird der Südamerikameister. Das Turnier wurde zum ersten Mal 1916 ausgetragen.

wie geplant. Wir spielten schlecht. Die Jungs liefen im Brasiliendress genau so auf, wie sie es bei Santos gewohnt waren: vorne mit Robinho, Ganso, Neymar Jr. und Pato. Die Aufstellung war dieselbe, die schon ein Jahr zuvor für den FC Santos erfolgreich war. Doch beim ersten Spiel lief es nicht, was wohl auch damit zu tun hatte, dass alle nervös waren. Juninho spielte zwar eine gute erste Hälfte und seine Elf hatte gute Chancen, doch in der zweiten Halbzeit ließ die Mannschaft merklich nach. Das Spiel endete mit einem torlosen Unentschieden.

Gegen Paraguay hätte die Seleção schließlich Gelegenheit gehabt, ihre wahre Stärke unter Beweis zu stellen, aber das Spiel lief noch schlechter. Wir erreichten immerhin ein 2:2. Juninho wurde ausgebuht, als er den Platz verließ. Er war ziemlich angefressen und zog es vor, keine Interviews zu geben. Jadson wurde für Robinho eingewechselt und erzielte in der ersten Halbzeit einen sehenswerten Treffer. In den zweiten 45 Minuten hatten unsere Unaufmerksamkeiten fatale Folgen, unter anderem vergab mein Sohn eine 100-prozentige Chance.

Nach 67 Minuten ging Paraguay in Führung. Mano Menezes wechselte Lucas gegen Ramires aus, um auf der rechten Seite für mehr Schnelligkeit zu sorgen. Brasilien setzte stärker auf Angriff und operierte mit Flanken. Daher nahm der Trainer Neymar Jr. in der 81. Minute zugunsten des Mittelstürmers Fred vom Feld. Und Fred war es dann auch, der in der 89. Minute erneut ausglich, in feinster Mittelstürmermanier.

Die Strategieänderung zeigte Wirkung, doch es reichte noch nicht. Wir mussten das dritte Spiel gewinnen. Ich führte intensive Gespräche mit meinem Sohn. Er hatte sich schon eine Menge Beschimpfungen bei Santos anhören müssen, aber in einem Länderspiel war die Dimension noch einmal eine andere. Gerade die Fußballfans, die keine Sympathien für Santos hegen, mögen natürlich auch Neymar Jr. nicht besonders und lassen dementsprechend ihren Frust ab.

Im dritten Spiel gegen Ecuador, das geordneter und aussichtsreicher verlief, fanden Juninho und die ganze Seleção wieder den Weg zum Tor und gewannen schließlich verdientermaßen. Rückkehrer Robinho und Neymar Jr. machten ein gutes Spiel. Alexandre Pato gelang das Führungstor, aber der Gegner glich noch vor der Pause aus. Die Spielanteile waren relativ ausgeglichen. In der zweiten Halbzeit traten wir schließlich auf, wie wir es gewohnt waren. In der 49. Minute netzte Neymar Jr. nach Vorlage von Ganso ein. In der 58. Minute fiel der erneute Ausgleichstreffer, doch es dauerte keine zwei Minuten, und wir gingen durch ein Tor von Pato wieder in Führung. Zu diesem Zeitpunkt waren wir Gruppensieger und zeigten unseren besten Fußball.

Aber es kam noch besser: Maicon legte auf der rechten Seite wunderbar für Juninho auf, der seinen zweiten Treffer bejubelte. Er zeigte dabei auf seine Ohren – ganz schön provokant –, denn er hatte sich wirklich über die Buhrufe im vorangegangenen Spiel geärgert. So etwas geht an niemandem spurlos vorüber. Erst recht nicht, wenn man für die Seleção spielt. Als er später ausgewechselt wurde, verließ er den Platz unter Applaus und bedankte sich dafür bei den Fans. Diesmal wusste er, dass er gut gespielt hatte.

Im Viertelfinale trafen wir erneut auf Paraguay. Ich glaube, es war unser bestes Spiel, aber wir vergaben einfach zu viele Chancen. Juninho hätte schon in der dritten Minute treffen können, aber er hat einen Volleyschuss versemmelt. Später bekam er eine weitere Chance, aber auch die vergab er. In der ersten Halbzeit stand unsere Abwehrreihe perfekt und wir waren die bessere Mannschaft, aber vorne blieben wir glücklos. In der zweiten Halbzeit dann dasselbe Bild: Die gegnerischen Abwehrspieler konnten sich ein ums andere Mal auszeichnen. Torhüter Villar machte ein Wahnsinnsspiel und parierte selbst die schärfsten Schüsse auf beeindruckende Weise. Unser Torwart Júlio César hingegen wurde in diesem Spiel überhaupt nicht gefordert. Wir hatten ungefähr zehn Torchancen, der Gegner keine einzige.

In der 79. Minute hielt es der Trainer für besser, Neymar herauszunehmen, um Mittelstürmer Fred eine Chance zu geben. Der ging nach vorne und Pato spielte links auf der Neymar-Position. Niemand wird gerne ausgewechselt. Meiner Ansicht nach hätte Juninho weiterspielen können. Es war der beste Auftritt Brasiliens bei der Copa América, vielleicht sogar eines der besten Spiele der Seleção in jener Zeit, und auch Neymar Jr. hatte eine starke Leistung gezeigt. Aber manchmal läuft eben alles schief. In der Verlängerung ließen wir noch weitere Großchancen liegen.

Bis zur 120. Minute war unser Keeper nur bei Abstößen gefordert gewesen, doch dann, im Elfmeterschießen, musste er sich auszeichnen. Vier verschossene Elfer Brasiliens bildeten den krönenden Abschluss eines Tages, an dem einfach nichts zusammenlief. Wir hatten es nicht geschafft.

Mein Sohn war furchtbar deprimiert. Er wusste, dass er hätte besser spielen können, wie die gesamte Mannschaft. Aber so etwas passiert. Dieses Viertelfinale war unser bestes Spiel, und dann scheiden wir sang- und klanglos aus. Einen solchen Blackout wie im Elfmeterschießen hatte die Seleção zuvor noch nie gehabt.

Kurz nach dem frühzeitigen Aus bei der Copa América in Argentinien geschah jedoch etwas Wunderbares mit meinem Sohn. Wenn er schon mit der Seleção im Jahr 2011 keine Fußballgeschichte schreiben konnte, so dachte er sich wohl, würde er das bei seiner Rückkehr zum FC Santos tun.

Das Tor des Jahres

Es waren noch genau 1000 Tage bis zur Weltmeisterschaft 2014. Und vielleicht vergeht ähnlich viel Zeit, bis wir wieder ein solch grandioses Spiel sehen: Santos gegen Flamengo im Vila Belmiro, Campeonato Brasileiro 2011. Unsere Mannschaft war in Topform, Neymar Jr. glücklicherweise ebenfalls. Doch auch der Gegner hatte was zu bieten: Ronaldinho Gaúcho.

Juninho machte wohl sein bestes Spiel für Santos, und Ronaldinho machte wohl sein bestes Spiel für Flamengo. Das Ergebnis dieses Klassikers spricht Bände: 5:4. Nach einer halben Stunde lagen wir mit 3:0 in Führung, doch so dominant, wie es schien, waren wir nicht. Flamengo hatte eine Reihe von Großchancen vergeben, und wenn es 3:2 gestanden hätte, wäre das okay gewesen. Ronaldinho zeigte vollen Einsatz, genau wie mein Sohn. An diesem Tag schoss er das schönste Tor seiner Karriere, das die FIFA später als spektakulärstes Tor des Jahres krönte und für das Juninho den Puskás-Preis bekam.

Neymar Jr. beschrieb seinen Treffer in der Sportsendung *Esporte Espetacular* folgendermaßen:

> *„Der gegnerische Rechtsaußen, Léo Moura, war direkt hinter mir, Williams kam auf mich zu. Also musste ich ab durch die Mitte. Ich nahm den Ball mit und schaffte es. Da sah ich unseren Mittelstürmer Borges, mit dem ich häufig Doppelpässe spiele. Er ist ein technisch versierter und intelligenter Spieler, der außerordentlich schnell ist, auch im Kopf. Ich spielte also Borges den Ball zu und bekam ihn direkt wieder zurück. Dann kam Renato mir entgegen, doch mir gelang es, den Ball im Lauf zu behaupten. Ich hatte ein ordentliches Tempo drauf und dachte nur noch, dass ich irgendwie an Ronaldo Angelim vorbeikommen musste, und das Erste, was mir und meinen Füßen in den Sinn kam, war ein „Drible da Vaca".[14] Und es klappte! Der Torwart kam aus seinem Kasten, ich schob den Ball an ihm vorbei ins Tor und jubelte."*

Wenn man das so hört, schien es gar nicht so schwer und auch nicht so spektakulär gewesen zu sein. Es gibt eine

14 Frei übersetzt: Kuhdribbel. Bei dieser Finte spielt man den Ball zu einer Seite und läuft auf der anderen Seite an seinem Gegenspieler vorbei.

Reihe von Augenblicken im Spiel, da hat man einfach keine Zeit nachzudenken. Man führt den Ball, passt, dribbelt und macht Finten, bis man zum Abschluss kommt. All das passiert intuitiv, und es kommt sehr viel mehr auf technisches Geschick als auf Kraft an. Der Spieler muss mit dem Adrenalin klarkommen, das in solchen Momenten ausgeschüttet wird, und gelassen bleiben. Nur nicht nervös werden.

So etwas geht nur mit Erfahrung. Man muss die Verteidiger und den Torwart beobachten und blitzschnell handeln. Es ist schwer zu erklären und hat viel mit Intuition zu tun. Wenn es klappt, wunderbar! Wenn nicht, dann muss man eben noch ein paarmal üben.

Dieses Spiel werden wir nie vergessen, wie so viele in der Geschichte des FC Santos. Juninho bekam sogar die Ehrenplakette des Vereins, wie schon Pelé, der die erste erhielt. Für sein berühmtes *Gol de Placa* gegen Fluminense im Jahr 1961. Eine weitere Begegnung, die Fußballgeschichte schrieb und sich auf ähnlichem Niveau abspielte, war im Jahr 1958 die Partie im Pacaembu-Stadion beim Torneio Rio-São Paulo: 7:6 für Santos gegen Palmeiras. Das war ein ebenso beeindruckendes Spiel wie dieses Duell zwischen Santos und den Rot-Schwarzen. Neymar Jr. gegen Ronaldinho – dieser Klassiker war Pelé gegen Zico würdig. Nur keine falsche Bescheidenheit.

Dieses Spiel werden wir nie vergessen,
wie so viele in der Geschichte des FC Santos.

Wir haben die Partie gegen Flamengo im Vila Belmiro mit 4:5 verloren, aber der eigentliche Sieger war ohnehin der Fußball. Beide Mannschaften hätten drei Punkte verdient gehabt – na gut, der Sieger vielleicht sogar sechs.

DIE LEHRSTUNDE

Es war eine Lehrstunde. Santos verlor das Endspiel der FIFA-Klub-WM in Japan nicht nur gegen die Europameister 2011, sondern gegen eine der besten Mannschaften aller Zeiten. Okay, wir hatten ein paar Chancen, aber wie alle Gegner des FC Barcelona waren wir nur selten im Ballbesitz. Wir wussten, es würde eine harte Nuss werden, denn die ganze Welt sah in Barça den klaren Favoriten, aber wir waren gut vorbereitet und weder übertrieben zuversichtlich noch ängstlich.

Wir versuchten, unser Spiel zu machen und genau das zu tun, was wir auch bei der Copa Libertadores so erfolgreich umgesetzt hatten, doch es gelang uns nicht ansatzweise. Messi, Iniesta, Xavi und Co. waren in bestechender Form. Sie zeigten in der Abwehr keinerlei Schwächen, und natürlich wissen solche Männer, wie man mit dem Ball umgeht. Wir hingegen konnten noch nicht einmal 50 Prozent unserer Klasse abrufen. Dementsprechend fiel auch das Ergebnis aus. 4:0. Und dennoch: Für mich diente dieses Spiel dazu, wichtige Erfahrungen zu sammeln. Ich habe eine Menge gelernt.

In der ersten Partie der Klub-WM schlugen wir den japanischen Meister Kashiwa Reysol mit 3:1. In diesem Match gelang mir ein wunderbarer Treffer mit links aus der zweiten Reihe – das ist mir bis heute nicht mehr gelungen. Zwar haben wir es nicht geschafft, den Titel zu holen, aber irgendwann wird es bestimmt klappen. Und mal ehrlich: Was die Seleção eineinhalb Jahre später im Finale des Confed-Cups 2013 gegen die spanische Auswahl mit den Kernspielern des FC Barcelona auf den Platz zauberte, ist ein weiteres Zeichen dafür, dass in jedem Spiel die Geschichte neu geschrieben werden kann. Es gibt immer wieder neue Chancen.

Jetzt spiele ich selbst bei Barcelona, mit der gleichen Leidenschaft und dem gleichen Einsatz wie im Trikot von Santos. Ich hoffe, dass ich bei den Katalanen noch mehr lernen werde als in den beeindruckenden 90 Finalminuten bei der Klub-WM.

Was mich an diesem Tag besonders beeindruckte, waren der Respekt und die Sympathie, die mir eine wahrhaftige Fußballlegende entgegenbrachte. Messi spielt nicht nur großen Fußball, er ist nicht nur ein Genie auf dem Platz, sondern auch die Bescheidenheit in Person. Der Regisseur der argentinischen Nationalmannschaft hat schon so viele Titel und Pokale gewonnen und dennoch seine einfache Art bewahrt. Er ist ein echtes Vorbild. Ich hoffe, dass ich ihm als Teamkollege dabei helfen kann, noch mehr Titel zu gewinnen. Und natürlich wünsche ich mir gleichzeitig, dass er keinen Titel holt, wenn er im Nationaltrikot gegen mich spielt.

DIE CAMPEONATO PAULISTA 2012

Neymar Jr. will immer spielen. Von Freizeit oder Erholung will er nichts wissen, er ist nur wirklich zufrieden, wenn er einen Ball am Fuß hat. Wenn der Trainerstab ihm mal eine Pause gönnen will von dem verrückten Marathon, bestehend aus Spielen, Reisen und Trainingseinheiten, stellt er sich stur. Er ist ein vorbildlicher Sportler, für ihn sind Training und Spiel reines Vergnügen.

Die körperliche Erschöpfung nach der Saison 2011, in der es praktisch keine freien Tage gab, stand einer ausgezeichneten Form im Jahr 2012 nicht im Wege. Sein Siegeswille half ihm dabei, schwierige Phasen zu überwinden und gemeinsam mit seinen Teamkollegen zum dritten Mal den Titel beim Paulistão zu holen.

Im November 2011 handelten wir einen neuen Vertrag aus und Juninho blieb in Brasilien. Das war wichtig für ihn und für Santos. Darüber hinaus war es ein historischer Moment für den brasilianischen Fußball, denn mit seinem Verbleib zeigte man der ganzen Welt: „Schaut her, Brasilien kann einen Spieler wie Neymar Jr. im Land halten."

In der Saison lief es ausgesprochen gut für Juninho. Das Jahr, in dem der FC Santos sein 100-jähriges Bestehen feierte, war auch das Jahr, in dem Neymar Jr. – an seinem 20. Geburtstag – das 100. Tor seiner Karriere schoss, im Derby gegen Palmeiras.

Im Halbfinale gegen São Paulo im Morumbi-Stadion steuerte er alle drei Treffer zum 3:1-Sieg bei, darunter auch sein 100. Tor für Santos. Juninho dribbelte, kam zum Schuss, gestaltete das Spiel, er war einfach in Topform!

In jenem Jahr überholte Neymar Jr. alle Torschützenkönige von Santos nach der Ära Pelé. Jedes Mal, wenn er mit einem Torerfolg wieder eine Bestmarke geknackt hatte, imitierte er den Torschützen, den er hinter sich gelassen hatte. Beim 3:1 gegen São Paulo war es Juari, ein Spieler der Meninos da Vila von 1978. Er brachte den Ball im Kasten unter und lief anschließend einmal um die Eckfahne. Im Finale gegen Guarani im Morumbi gab es dann eine Hommage an Serginho Chulapa: Nach seinem dritten Tor tat Juninho so, als wäre er ohnmächtig geworden, wie es Chulapa bei der Campeonato Paulista 1984 getan hatte, als sein Team den Titel holte. Juninhos Treffer war praktisch die Vorarbeit für den dritten Titelgewinn in Folge für Santos im Paulistão. Am darauffolgenden Sonntag war es so weit. Es gab wieder einen Sieg, diesmal ein 4:2.

Eine halbe Stunde nach Spielende dribbelte Juninho um die Reporter und Fotografen im Morumbi-Stadion herum, und die Fans feuerten ihn lauthals mit „Olé"-Rufen an.

Manche hielten das für geschicktes Marketing, aber damit hatte es gar nichts zu tun. Er lief einfach spontan los und das ganze Stadion fing an zu lachen. Ich fand das toll. Es war weder Angeberei noch jugendlicher Blödsinn, sondern Ausdruck seiner Freude. Die Freude eines Jungen, der seine Kunst beherrscht. Eines Ballkünstlers, eines manchmal etwas übermütigen Ballkünstlers.

Wir gewannen also zum dritten Mal hintereinander die Campeonato Paulista. Jetzt fehlte noch der zweite Titel bei der Copa Libertadores. Wir verloren das Halbfinalhinspiel im Vila Belmiro gegen Corinthians mit 0:1. An jenem Tag blieb Neymar Jr. weit unter seinen Möglichkeiten. Beim Rückspiel im Pacaembu ging Santos durch ein Tor meines Sohnes in Führung, kassierte aber zu Beginn der zweiten Hälfte einen ärgerlichen Gegentreffer und konnte sich nicht mehr davon erholen. Nun gut, man kann ja nicht immer gewinnen.

DIE SELEÇÃO

Ich will mit Brasilien Weltmeister werden und eine Olympiamedaille nach Hause holen. Das hätte ich gerne schon 2011 bei der U20-Weltmeisterschaft geschafft, aber da ich für die A-Nationalmannschaft bei der Copa América in Argentinien nominiert war, konnte ich diesen brasilianischen Erfolg nicht mitfeiern, den die Mannschaft um Trainer Ney Franco so brillant errungen hatte.

Ein Turnier werde ich nicht mehr für Brasilien gewinnen können: die U17-WM. Als ich daran teilnahm, war unser Team nicht besonders gut drauf. Man kann die Zeit nicht zurückdrehen. Heute sind meine Träume der WM-Titel 2014 und eine olympische Medaille in Rio de Janeiro 2016. Auch bei der WM 2018 möchte ich dabei sein und den Titel für Brasilien holen. Und natürlich auch 2022. Ich werde versuchen, zusammen mit meinen Mannschaftskollegen alle diese Erfolge zu feiern. Ich will mehr, für die Seleção und für meinen Verein.

Jeder Sportler möchte gewinnen, aber natürlich gelingt das nicht immer. Auch die Gegner sind motiviert, konzentriert und spielen gut. Sosehr wir uns auch anstrengen, manchmal klappt es einfach nicht. Es spielen Faktoren eine Rolle, auf die man keinen Einfluss hat. Deshalb müssen wir immer mit 110-prozentigem Einsatz zur Sache gehen. Wenn wir gerufen werden, müssen wir auf die bestmögliche Weise antworten und unsere Leistung gerne erbringen.

Ich tue das, seit ich das erste Mal für die Nationalmannschaft nominiert wurde, im August 2010, gleich nach der WM. Es war das erste Spiel von Mano Menezes, der damals Dunga als Trainer abgelöst hatte. Mein Debüt für die Seleção war ein Freundschaftsspiel gegen die USA in New Jersey. Brasilien war im Viertelfinale der WM in Südafrika ausgeschieden, nachdem die Niederlande einen Rückstand in einen Sieg verwandelt hatten. Ich weiß noch, wie ich an diesem Tag gelitten habe. Wir sind ja nicht nur Spieler, sondern schon so viele Jahre vor allem Fans unserer Mannschaft. Wir wollen immer das Beste für Brasilien.

Das 2:0 am 10. August 2010 gegen die USA werde ich nie vergessen, auch deshalb, weil ich in diesem Spiel mein erstes Tor für die Seleção schoss. An so etwas erinnert man sich sein ganzes Leben. Und dennoch: Jedes Spiel für Brasilien wird für mich ein großes persönliches Erfolgserlebnis sein.

Nicht ohne Grund habe ich 2012 nach der olympischen Finalniederlage gegen Mexiko in London bittere Tränen vergossen. Ich bin mir und Brasilien etwas schuldig geblieben und muss das wiedergutmachen. Wenn man mir die Chance gibt, werde ich alles daransetzen, dass aus diesen Tränen der Verzweiflung im Wembley-Stadion irgendwann Freudentränen werden. Mit Gottes Hilfe ist es 2016 bei uns zu Hause so weit, in unserem Maracanã. Ich möchte endlich für Brasilien jubeln: „Wir sind Olympiasieger!“

DER SILBERNE TRAUM

Während der Vorbereitung auf Olympia in London rief ich Juninho an und erinnerte ihn daran, verantwortungsbewusst und mit Freude zu spielen. Er war dabei, einen großen Traum zu verwirklichen: an Olympischen Spielen teilzunehmen und um die Goldmedaille zu kämpfen. Wie immer haben wir gewettet. Ich mache das gerne, vor allem, um ihn zu motivieren. Aber dieses Mal lag ich zum Leidwesen der Brasilianer daneben, denn Mexiko schnappte sich Gold.

Beim ersten Spiel des olympischen Turniers gegen Ägypten war Juninhos Leistung ausgezeichnet. Er steuerte einen Treffer zum 3:2-Erfolg Brasiliens bei. In der zweiten Hälfte hatte die Elf allerdings keine gute Figur abgegeben, was mich durchaus beunruhigte. Ich schätze, auch die Fans waren beunruhigt. Aber: Es war das erste Spiel. Ich schob die spielerischen Mängel auf den ungeheuren Druck, der diesmal natürlich viel höher als sonst war. Man darf auch nicht vergessen, dass es um eine U23-Mannschaft ging.

Auch wenn drei Spieler die Altersgrenze schon überschritten hatten, war das Team noch sehr jung. Außerdem hatten Brasiliens Fußballer noch nie Olympiagold geholt.

Gegen Weißrussland spielte Neymar Jr. eine entscheidende Rolle. Ihm gelang ein Pass, den Pato in ein Tor verwandelte, als Brasilien schon auf der Verliererstraße war. Juninho erzielte durch einen Freistoß die Führung und seinen Absatzkick an Oscar nutzte dieser zum dritten Treffer. Gegen Neuseeland waren wir bereits für die nächste Runde qualifiziert, doch anders als einige seiner Mitspieler wurde mein Sohn nicht geschont. Dieses Spiel ging Brasilien natürlich entspannter an, und obwohl er nicht brillant spielte, trug Juninho zum 3:0-Sieg bei.

Im Viertelfinale gegen Honduras war ich auf das Schlimmste vorbereitet, aber auch hier machte Neymar Jr. seine Sache gut, genau wie die ganze Mannschaft. Er lieferte die Vorlage für den Ausgleichstreffer. Brasilien geriet wieder in Rückstand, Juninho machte sein Spiel. Trotz lautstarker Proteste der gegnerischen Fans angesichts der Entscheidung des Schiedsrichters verwandelte er einen ihm zugesprochenen Elfmeter in aller Ruhe zum erneuten Ausgleich. Das Tor von Leandro Damião ebnete Brasilien schließlich den Weg ins Halbfinale. Es war ein verdientes, aber schwer erkämpftes 3:2.

Trotz einiger Schwierigkeiten hatten wir bereits einen Teil dessen, was wir geplant hatten, vollbracht. Brasilien stand im Halbfinale und hatte damit eine Medaille sicher. Doch wir wollten Gold, alles andere bedeutete nicht viel. Silber war Blei für Brasilien. Es half nichts.

Das Halbfinale gegen Südkorea war dann doch einfacher, als wir es uns vorgestellt hatten. Mir gefiel Neymar Jr. in dieser Partie sehr gut. Er schoss zwar kein Tor, spielte aber hervorragend. Der erste Treffer kam durch einen Doppelpass von ihm und Oscar zustande, er lieferte die Vorlage für das zweite Tor, und nachdem es 3:0 stand, bereitete er den finalen Treffer vor, mit dem das Endergebnis und damit der Einzug ins Endspiel gesichert wurde. Seit 1988 hatte Brasilien nicht mehr im olympischen Endspiel gestanden. Und es waren ausgezeichnete Teams zu Olympia geschickt worden! Aber in diesen 24 titellosen Jahren hatte es kein einziges von ihnen geschafft, so weit zu kommen wie diese Mannschaft.

Am Finaltag war ich reichlich nervös. Ich wusste, was für Neymar Jr. und die anderen „jungen Wilden“ wie Lucas, Oscar und Pato auf dem Spiel stand. Die vier waren auch außerhalb des Platzes gute Freunde und in den Telefonaten mit Neymar Jr. spürte ich, dass alle heiß auf den Sieg waren. Sie gaben sich zuversichtlich, aber in Maßen. Von Überheblichkeit keine Spur.

Im Fußball gibt es kein Wenn und Aber, das weiß ich schon seit Langem. Aber Mexikos Führungstreffer gleich zu Beginn des Spiels brachte Unruhe ins Team. Neymar Jr. wurde eng gedeckt und verlor einige Male die Beherrschung. Auch wenn wir schon so oft darüber gesprochen hatten – manchmal kann man einfach nichts dagegen tun. In einem so entscheidenden Match, im olympischen Finale, ist es nicht leicht, einen kühlen Kopf zu bewahren.

> Am Finaltag war ich reichlich nervös. Ich wusste, was für Neymar Jr. und die neue Spielergeneration um Lucas, Oscar und Pato auf dem Spiel stand.

In der zweiten Hälfte spielte die Seleção besser. Neymar Jr. hatte ein paar gute Chancen, konnte sich freilaufen, aber es war einfach kein Glückstag für Brasilien. Ich finde keine andere Erklärung für das, was geschah. Wir mussten das zweite Tor einstecken, und danach lief nichts mehr zusammen. Das Traurigste für mich war mitanzusehen, wie mein Sohn das Gesicht in den Händen vergrub und weinend auf dem Rasen lag. Ich hatte ihn schon so oft jubeln sehen, doch an diesem Tag war ich genauso enttäuscht wie er.

Ich wusste, wie sehr Juninho diese Goldmedaille wollte und wie wichtig sie für ihn und die neue Generation von Fußballern war, die Brasilien bei der WM 2014 vertreten wird. Bei Olympia sind Silber- und Bronzemedaille im Fußball wertlos, und in Brasilien ist der Zweite ohnehin traditionell der erste Verlierer. Das ist schade, aber so ist das bei uns.

Niemand verliert gerne. Wenn wir uns aber klarmachen, dass es immer einen Gegner auf der anderen Seite gibt, der genau wie wir den Sieg erringen will, dann können wir erkennen, dass es gar nicht wir sind, die verloren haben, sondern dass die anderen es geschafft haben zu gewinnen. Sie haben den Sieg verdient, mehr als wir die Niederlage verdient haben. Mexiko hatte einfach eine gute Mannschaft und war im Finale im Wembley-Stadion besser.

Dennoch muss man nach einem solchen Tiefschlag die Verantwortung übernehmen. Juninho war sehr enttäuscht und blieb fast zehn Minuten weinend auf dem Rasen liegen. Dann unterhielt er sich mit den Reportern und brachte seine Enttäuschung zur Sprache. In solchen Momenten ist es nicht einfach, den Journalisten Rede und Antwort zu stehen, aber mein Sohn wird immer reifer. Er macht das gut.

Es war eine enttäuschende Niederlage, aber wie viele Athleten können schon von sich behaupten, eine olympische Medaille ihr Eigen zu nennen? Wenn man zurückblickt, dann war das schon ein großer Erfolg. Und Gott hat für Neymar Jr. noch sehr viel mehr geplant, da bin ich mir sicher. Die WM 2014 und die Olympischen Spiele 2016 stehen bevor, beide Wettbewerbe finden in Brasilien statt. Gibt es eine größere Freude, als einen Weltmeistertitel und die olympische Goldmedaille im eigenen Land zu feiern? Ich freue mich schon auf die Wetten, die wir abschließen werden, wenn es so weit ist.

In solch schwierigen Momenten tröste ich mich und denke an die ersten Lebensmonate von Juninho zurück, als er uns schlaflose Nächte bereitete. Seine Mutter und ich waren zum ersten Mal Eltern und wussten nicht, was wir tun sollten. Ich noch weniger als sie. Beruflich lief es bei mir ganz gut, ich stand bei Mogi Mirim unter Vertrag und hatte 1992 eine Menge Spiele zu absolvieren. Allerdings bekam ich in dieser Zeit kaum Schlaf. Juninho durchweinte Nacht um Nacht, und es war eine ziemliche Herausforderung, sich unter diesen Umständen gut vorzubereiten. Ich brauchte stets einige Zeit, bis ich ihn zum Einschlafen brachte. Ich zog mein Hemd aus und legte ihn mir auf die nackte Haut, bis er einschlief. Die Körperwärme beruhigte ihn. Das war wunderschön.

Morgens musste ich oft um zehn Uhr im Verein sein, um mich auf die wichtigen Spiele vorzubereiten, und hatte dann ziemlich mit meiner Müdigkeit zu kämpfen. Ich hatte für meine Familie zu sorgen, von meinem Spielergehalt bestritten wir unseren Lebensunterhalt. Das war alles andere als leicht. Meine Frau bot an, die Nachtschicht zu übernehmen, denn sie wollte, dass ich mich ausruhte. Aber ich wollte nicht, ich blieb lieber bei Juninho. Zwar schlief ich weniger, doch ich spielte besser! Vielleicht war das sogar meine beste Zeit. Wie das möglich war, weiß ich bis heute nicht, aber fest steht: Der Kontakt zu Juninho gab mir Kraft. Die Liebe kann wundersame Dinge vollbringen.

Ich habe mir nie Sorgen darum gemacht, wenn ich wenig Schlaf bekam. Im Mittelpunkt meines Lebens stand die Liebe zu meinem Sohn. Ich suchte nicht nach Ausreden und Rechtfertigungen, es gab keine Entschuldigungen. Das war es, was ich in diesen ersten Tagen mit Juninho lernte. Ich hätte allen Grund dazu gehabt, nicht gut zu spielen, aber das Gegenteil war der Fall: Ich wurde von Tag zu Tag stärker, ich trainierte besser und ich bereitete mich besser auf die Spiele vor.

Ich sage es meinem Sohn und allen, die mit mir zusammenleben und -arbeiten, immer wieder: Mach dein Spiel. Erfülle deine Pflicht auf die bestmögliche Weise. Zeige immer vollen Einsatz, und sei mit Engagement und Liebe bei der Sache. Mehr braucht es nicht.

REIFEZEIT

Angesichts der Geburt meines Sohnes 2011 und angesichts aller Erfolge, die ich für Santos und den brasilianischen Fußball erzielt hatte, dank all der Hilfe meiner Partner und Sponsoren, der Unterstützung meiner Angehörigen und Freunde und dank der Zuneigung der Fans, nicht nur der meines Vereins (dem ich gar nicht genug danken kann), bestand bis zum Jahr 2013 nicht der geringste Anlass, Brasilien zu verlassen.

Ich war glücklich, und nur das zählte. Ich arbeitete mit wunderbaren Menschen zusammen, hatte echte Freunde, alles war perfekt. Das war kein Moment, um fortzugehen. Wenn ich das anders empfunden hätte, dann hätte ich zusammen mit meiner Familie eine Entscheidung getroffen.

Viele Leute haben sich öffentlich Gedanken über meine Situation gemacht. Einige Aussagen hatten Hand und Fuß, das muss man respektieren, aber andere waren bloß böswillig und von Neid geprägt. Plötzlich sprach jeder von einem möglichen Abschied von Santos. Wenn ich eine Torchance vergab, dann war das, weil ich den Verein verlassen wollte. Wenn ich zwei Tore schoss, dann lag das daran, dass es für mich in Brasilien zu einfach war und ich mal im Ausland spielen sollte. Wenn ich auf dem Rasen hart rangenommen wurde, dann hieß es, es sei besser, ich würde in Europa spielen, um mich zu schonen. Wenn jemand mir eine Schwalbe unterstellte, dann sagte man, in Europa sei ich besser aufgehoben, weil dort die Schiedsrichter anders mit so etwas umgehen würden. Sogar Leute, die sonst nicht viel mit Fußball zu tun hatten, beteiligten sich an den Spekulationen. In den Interviews direkt nach dem Spiel wurde ich nicht zu meiner Leistung in den vorangegangenen 90 Minuten befragt, sondern die erste Frage lautete, ob denn nun mein Wechsel nach Europa feststünde.

Es war ermüdend. Es schlauchte mich. Alles, was ich tat, wurde genau beobachtet. Ich musste das entweder aushalten und mir jeglichen Kommentar dazu verkneifen, oder ich musste es machen wie ein Fußballprofi: mit dem Ball antworten, nicht mit Worten.

Was das Ganze noch schlimmer machte: Santos hatte im ersten Halbjahr 2013 keinen besonders guten Lauf, ebenso wenig wie ich. Der Verein hatte sich nicht für die Copa Libertadores qualifiziert, nur der brasilianische Pokalwettbewerb – die Copa do Brasil – stand noch auf dem Programm, sollte allerdings erst später im Jahr beginnen. Beim Paulistão dauerte es, bis sich die Mannschaft gefunden hatte, und auch ich tat mich anfangs schwer. Montillo, der argentinische Star, der jetzt bei Santos spielte, hatte noch Anpassungsschwierigkeiten, und in den ersten Begegnungen mussten wir einiges einstecken, genau wie unsere Fans. Trotzdem arbeiteten wir uns nach oben. Das Halbfinale gegen das starke Team von Mogi Mirim gewannen wir im Elfmeterschießen, und im Anschluss an diese nervenaufreibende Begegnung kamen mir die Tränen. Ich war so erleichtert und freute mich, dass wir uns für das Finale qualifiziert hatten. Die Spekulationen der Medien gingen indes weiter.

Bei den entscheidenden Partien gegen Corinthians kamen wir wieder in die Bredouille. Sie behielten im Hinspiel im Pacaembu mit 2:1 die Oberhand. Im Rückspiel im Vila Belmiro gingen wir zunächst in Führung, mussten aber postwendend den Ausgleich hinnehmen, der den letzten Treffer des Spiels darstellen sollte. Es reichte nicht. Wir vergaben zu Hause die Chance, etwas zu schaffen, das dem FC Santos nicht einmal zu Pelés Zeiten gelungen war. Keiner der großen Vereine dieser Liga hat es je vollbracht, den Titel dreimal in Folge zu holen. Wir versuchten alles, aber es klappte nicht. Es war das fünfte Finale nacheinander in diesem Wettbewerb, an dem Santos teilnahm. Seit 2006 waren wir nur ein einziges Mal nicht mit dabei gewesen, und zwar 2008. Das ist schon beeindruckend, es ist unser Verdienst. Aber der Druck wurde natürlich immer größer.

Nach der Saison schien es, als ob wir im Paulistão gar nichts geleistet hätten. Natürlich herrscht im Fußball Druck, wie in anderen Bereichen auch, aber in diesem Fall war es wirklich übertrieben. Für mich stand fest, dass eine Veränderung angesagt war. Der Augenblick, in dem ich mich nach anderen beruflichen Zielen umzusehen begann, war gekommen.

BARCELONA

Schon 2011 war der FC Barcelona an uns interessiert, aber offiziell hatte er noch nicht um unsere Hand angehalten. In der brasilianischen und spanischen Presse wurde viel gemunkelt. Es gab eine Menge Gerüchte, doch Genaues wusste niemand. Das ist normal bei solchen Verhandlungen – was aber in unserem Fall alles andere als normal war, war die Dimension des Ganzen. Es machten Unwahrheiten die Runde und es fielen böse Bemerkungen.

Alles, was Neymar Jr. und ich in jener Zeit gesagt hatten, stellte sich später als die Wahrheit heraus. Wir haben nicht gepokert und es gab auch keinen Vorvertrag. Wir haben Santos nicht im Stich gelassen und auch sonst niemandem geschadet. Es war für uns der richtige Augenblick, um Abschied zu nehmen. Dabei ging es nicht darum, eine Tür für immer zu schließen, denn das macht man nicht mit seinem Zuhause, seinem Heimatverein. Es war einfach der Moment gekommen, um für Neymar Jr. und unsere Familie neue Horizonte zu eröffnen und Grenzen zu überschreiten.

Und zwar in jeder Hinsicht: fußballerisch, emotional, beruflich, finanziell und vor allem persönlich.

Wir wollten einen Schritt nach vorn machen, so wie das in jedem Beruf erforderlich ist. Es ist absurd zu behaupten, ein Sportler sei „käuflich", nur weil er den Verein wechselt. Was ist mit dem Mitarbeiter einer Firma, der von einer anderen abgeworben wird und dort ein besseres Gehalt und bessere berufliche und persönliche Perspektiven erwartet? Ist der auch „käuflich"? Sicher nicht. Die Leidenschaft, die im Fußball stets eine Rolle spielt, führt häufig dazu, dass mit unterschiedlichem Maß gemessen wird.

Es ist absurd zu behaupten, ein Sportler sei „käuflich", nur weil er den Verein wechselt.

Die Verhandlungen liefen für alle Seiten gut. Angesichts der Umstände, der Teilnehmer und der unterschiedlichen Interessen war das Ergebnis ausgezeichnet. Wir haben das Richtige getan, im richtigen Moment, mit dem richtigen Verein. Santos hat uns immer unterstützt und auf Neymar Jr. gesetzt, und wir glaubten stets an den Klub, an den früheren Präsidenten Marcelo Teixeria und an den jetzigen Präsidenten Luis Alvaro. Alle halfen und verstanden uns. Bei Juninhos Karriere standen nie materielle Aspekte im Vordergrund, es ging immer um die Zufriedenheit und das Wohlbefinden meines Sohnes. Es gibt wenige Spieler in der jüngsten Geschichte Brasiliens, die so lange Zeit für ein und denselben Verein gespielt haben. Neymar Jr. blieb, weil wir es so wollten. Weil Santos es so wollte. Eine Reihe von Partnern und Sponsoren ermöglichten seinen Verbleib im Jahr 2009, doch wenn man genau ist, eigentlich schon seit 2005, als der Verein auf einen talentierten 13-Jährigen setzte.

Wir haben allen zu danken! Neymar Jr. hat Santos verlassen, doch der Verein wird immer ein Teil von ihm sein, genau wie für mich und für Juninhos Großvater. Mein Sohn sagte, dass er alles für Barcelona tun werde, damit Messi noch besser und noch häufiger zum Weltfußballer des Jahres gewählt werde. Ich bin mir sicher, dass er sich gut mit dem argentinischen Star verstehen wird, auf dem Platz und auch privat. Meinen Sohn an der Seite des besten Fußballers der vergangenen Jahre spielen zu sehen erfüllt mich mit Stolz. Eine ebensolche Freude muss Neymar Jr. empfinden, wenn er mit Messi aufläuft.

Es ist sehr wertvoll, dass er in eine gut strukturierte Mannschaft, in einen gut strukturierten Verein kommt. Er möchte sich so schnell wie möglich in die Mannschaft einfügen und hat bereits begonnen, ein bisschen Katalanisch zu lernen. Er wird schnell begreifen, was der Trainer taktisch von ihm erwartet, und sich gut mit seinen Mannschaftskameraden verstehen. Ich glaube, er wird in Barcelona viel lernen. Und natürlich auch seinen eigenen Beitrag dazu leisten, mit seinen Kollegen ein gutes Team zu bilden, auf und neben dem Platz.

Alle haben Juninho mit offenen Armen empfangen. Messi selbst legte Wert darauf, persönlich mit ihm zu kommunizieren, als das Gerücht aufkam, er sei im Verein nicht willkommen. Das war gleich nach dem Abschluss des Transfers. Messi und mein Sohn unterhielten sich per SMS. Montillo, argentinischer Mittelstürmer bei Santos, half Juninho beim Übersetzen. Messi betonte, dass bei Barça alle sehnsüchtig auf ihn warteten und dass er sehr willkommen sei. Und so war es dann auch: Er wurde herzlich empfangen.

Ich freue mich darüber, dass Juninho sich mit vielen Leuten aus der Fußballwelt gut versteht. Leonardo, früherer Vereinschef von Paris Saint-Germain und ein Star der Seleção, die 1994 den vierten WM-Titel für Brasilien nach Hause brachte, stellte einen Kontakt zwischen Juninho und David Beckham her. Dessen ältester Sohn Brooklyn ist zwar eigentlich Fan von Real Madrid, aber er schwärmt auch für Neymar Jr. Also schickte Juninho ihm ein signiertes Trikot zum 14. Geburtstag. Kurz darauf rief Beckham auf dem Handy an, um sich zu bedanken.

Ich glaube nicht, dass es Juninho schwerfallen wird, sich in Spanien wohlzufühlen. Für uns wird es härter sein. Von zu Hause weg zu sein tut immer weh. Die „Saudade" bleibt ... Ich werde mich immer an die Busfahrten nach Santos erinnern. Die Fahrten mit dem Motorrad, mit ihm auf dem Sozius, damit er bei Santos trainieren konnte. Damit er auf dem Rasen all das erreichen konnte, was er sich erträumte und was sein Talent ihm ermöglichte. Wir sind glücklich, denn wir haben unsere Entscheidungen mit Gottes Segen getroffen.

MI CASA, SU CASA

Stellt euch vor, was es für einen Jungen vom Strand bedeutet, der es gewohnt ist, auf der Straße, auf unbefestigter Erde oder im Sand Fußball zu spielen, plötzlich in einem ausländischen Stadion vor 56.000 Menschen aufzulaufen, die nur gekommen sind, um sein Debüt im Trikot ihres Vereins zu sehen und ihn ein paar Worte sagen zu hören. Und das mit nur 21 Jahren. Es war einfach unglaublich.

Ich bereitete mich mit der Seleção auf den Confed-Cup vor – eine ungeheure Verantwortung. Am Sonntag stand ich noch für Brasilien auf dem Platz, am Montag flog ich nach Barcelona, wo ich im ausverkauften Camp Nou vorgestellt wurde. Hier würde ich an der Seite des unvergleichlichen Lionel Messi spielen, gemeinsam mit etlichen weiteren Profis des Vereins, der in den letzten Jahren die meisten Siege gefeiert hatte – national und international.

Meine Gefühle im Zaum zu halten fiel mir denkbar schwer. Ich erfüllte mir hier einen Traum, den ich schon als kleiner Junge gehabt hatte. Bei Videospielen habe ich von klein auf immer die Rolle eines Spielers von einem der großen Vereine übernommen. Jetzt bin ich selbst ein solcher Spieler.

Das Gefühl, ins Camp Nou zu kommen und den Applaus der Fans zu hören, war unbeschreiblich. Ich kann es kaum in Worte fassen. Das habe ich auch in der anschließenden Pressekonferenz gesagt, als ich meine Tränen schon nicht mehr zurückhalten konnte. Es ging einfach nicht, und es war nicht schlimm. Kurz vor dem Interview wurde ein tolles Video mit meinen Spielen und Toren für Santos und Brasilien präsentiert. Klar, dass sie hier den Treffer gegen Flamengo zeigten, für den ich 2011 den Puskás-Preis bekommen hatte, und jenes Tor im Vila Belmiro gegen Internacional bei der Copa Libertadores 2012. Der Treffer gegen Japan, der in die Vorauswahl für das Tor des Jahres 2013 kam, durfte natürlich auch nicht fehlen.

Selten erlebte ich so viel Freude, Respekt und Sympathiebekundungen wie an diesem Tag in Barcelona. Ich wusste ja schon, dass ich die richtige Entscheidung getroffen und mich im richtigen Moment und für den richtigen Verein entschieden hatte, aber wenn ich noch einen allerletzten Zweifel daran gehabt hätte, dann wäre der in diesem Augenblick ausgeräumt worden. Ich sah Bilder von meinem Vater, der diesen typischen Blick draufhatte: ernst, konzentriert, wie ein Trainer fünf Minuten vor Ende eines großen Finales. Aber es waren ja erst meine ersten Minuten in diesem wunderschönen blau-karminroten Trikot! Alle waren total aus dem Häuschen und mein Vater stand da und verzog keine Miene. Vermutlich bedeutete das vor allem, dass wir alles richtig gemacht haben. Für Santos hatten wir Großes geleistet, in der Seleção lag noch eine ganze Karriere vor mir und für Barcelona konnte ich weitere Erfolge erzielen.

Jetzt muss ich meine Aufgabe erfüllen: den „Blaugrana"[15] helfen, alle Titel zu holen. Das ist kein Versprechen, das ist ein Wunsch.

---

15 Katalanische Bezeichnung für die Spieler des FC Barcelona, nach dem blau-karminroten Trikot.

Aber ein Wunsch, der mit einem so tollen Verein, solchen Spielern und einer solchen Vereinsstruktur verwirklicht werden kann. Das Team ist so großartig, dass ich ein ganzes Buch darüber schreiben könnte.

Ich werde mein neues Trikot anziehen und mir noch mehr Träume erfüllen. Ich möchte für Barcelona mit demselben Einsatz spielen, wie ich ihn immer bei Santos gezeigt habe. Dabei werde ich eine Gewohnheit beibehalten, die für mich und meinen Vater zu einem Ritual geworden ist: Vor jedem Spiel – im Bus, der uns zum Stadion bringt, oder auch in der Kabine – rufe ich ihn an. Wir sprechen über das Spiel, den Gegner, unsere Mannschaft. Darüber, was ich tun kann und was ich lieber lasse. Über Fußball, Familie und das Leben. Und wir beten zusammen. Das Gebet schließen wir immer mit Jesaja 54,17 ab: „‚Deshalb werden keine Waffen etwas gegen dich ausrichten können, und jede Anklage, die gegen dich erhoben wird, kannst du entkräften. Dies garantiere ich dem Volk, das mir dient; dies ist das Vorrecht, das ich euch gewähre für alle Zeit.' Das sagt der Herr."

DER CONFED-CUP 2013

Vor dem zweiten Spiel des Turniers nahm mein Sohn Stellung zu den Protesten in Brasilien in diesen Tagen. Die Menschen gingen auf die Straße, um ihren Unmut kundzutun. Auf seiner Facebook-Seite schrieb Neymar jun.:

> *Ich bin sehr traurig über das, was in Brasilien geschieht. Ich habe immer geglaubt, dass es nicht nötig wäre, so weit zu gehen, „auf die Straße zu gehen", um Verbesserungen bei den öffentlichen Verkehrsmitteln, bei der Gesundheitsversorgung, der Bildung zu fordern, mehr Sicherheit zu verlangen, denn all das ist eine VERPFLICHTUNG der Regierung. Meine Eltern haben hart gearbeitet, um mir und meiner Schwester ein Minimum an Lebensqualität zu ermöglichen. Heute könnte das, dank des Erfolgs, den ich habe, demagogisch erscheinen – ist es aber nicht. Ich unterstütze die Demonstrationen, die gerade überall im Land stattfinden.*

Ich bin BRASILIANER und ich liebe mein Land! Ich habe Familie und Freunde, die in Brasilien leben!! Daher will ich auch mehr Gerechtigkeit und Sicherheit und eine bessere Gesundheitsversorgung für Brasilien und vor allem mehr EHRLICHKEIT! Die einzige Möglichkeit, die ich habe, Brasilien zu repräsentieren und zu verteidigen, ist, indem ich Fußball spiele … Ab diesem Spiel gegen Mexiko werden mich die Demonstrationen in Brasilien auf dem Platz begleiten … #TamoJunto

Ich war sehr glücklich über diese Solidaritätsbekundung meines Sohnes und auch darüber, was diese Stellungnahme ausgelöst hat. Er konnte sich den Ereignissen nicht entziehen. Er musste sagen, was er fühlt und denkt. Angesichts seiner Position in der Nationalelf und in der Gesellschaft ist es seine Pflicht, seine ehrliche Meinung zum Ausdruck bringen. Seine Welt ist der Fußball, aber er darf nicht blind sein für die Geschehnisse außerhalb des Platzes.

Gott sei Dank erwischten wir einen guten Start in den Confed-Cup. Neymar Jr. spielte stark, schon sein erster Schuss nach zwei Minuten beendete die lange Durststrecke. Gegen Japan in Brasília gelang ihm dann ein wunderbarer Fernschuss ins Tor. An diesem Tag war etwas passiert, das seit seinem Debüt 2009 nur selten vorgekommen war: Wir konnten vor der Partie nicht miteinander sprechen, denn es gab Probleme mit dem Telefon. Mir bedeutet der Kontakt zu Juninho viel und ich weiß, dass es ihm genauso geht, aber aufgrund seines Talents und seiner Reife konnte er diese Situation meistern.

Juninhos Treffer gab unserer Mannschaft genügend Selbstvertrauen, um den Vorsprung bis zur Pause zu halten. Japan ging mit einer guten Elf ins Rennen, aber wir waren besser. Gleich nach dem Seitenwechsel gelang uns ein weiterer Treffer, diesmal von Paulinho. Eine Minute vor Ende der Partie erhielt Jô eine schöne Vorlage von Oscar und erhöhte auf 3:0. Sowohl das Spiel als auch das Endergebnis waren einfach fantastisch. Genau wie die Fans, die uns von Beginn an permanent anfeuerten. Ich konnte die Tränen nicht zurückhalten, und nicht nur mir ging es so. Ich glaube, alle waren mächtig beeindruckt von der bewegenden Solidaritätsbekundung der Fans. Aus Liebe zu Brasilien.

Die Partie gegen Mexiko stand ganz im Zeichen des Zauberfußballs. Die feiernden Fans in Fortaleza sangen die Nationalhymne lauthals bis zum Ende mit. Die Mannschaft lief mit noch mehr Siegeswillen aufs Feld, Neymar Jr. gelang erneut gleich zu Beginn der Partie der wegweisende Führungstreffer. Diesmal war es ein Linksschuss in der achten Minute. Ein Traumtor! Es war sein bestes Spiel in diesem Turnier und vielleicht sein bestes in der A-Nationalmannschaft – jedenfalls bis dahin. In der zweiten Halbzeit bereitete er mit einer sensationellen Vorlage das 2:0 für Brasilien vor und wurde anschließend erneut von der FIFA zum „Man of the Match“ gewählt. Und zwar verdient. Bei den fünf Auftritten der Seleção erhielt er diese Auszeichnung viermal. Vier Trophäen, die jetzt in meinem Büro stehen, in unserem Wohnzimmer in Santos.

Es fehlte noch die Partie gegen Italien im Stadion Fonte Nova in Salvador. Ein starker Gegner, der uns bereits Anfang des Jahres fast zum Verhängnis geworden war. Dieses Mal gelang uns ein ausgezeichnetes Spiel, gekrönt durch einen Sieg – erneut mit fantastischer Unterstützung unserer Anhänger. Gegen Ende der ersten Hälfte schoss Dante den Führungstreffer. Italien traf nach dem Seitenwechsel nach einem sehenswerten Konter zum Ausgleich. Kurze Zeit später wurde mein Sohn an der linken Strafraumgrenze umgerempelt. Den Freistoß verwandelte er geschickt, Hunderte Male hatte er es geübt. Er sah, dass Italiens Keeper Buffon zu weit rechts stand, und zirkelte den Ball in die Torwartecke: 2:1 für Brasilien. Ein wunderschöner Treffer!

Fred erhöhte nach einem schönen Pass von Marcelo auf 3:1, Italien konnte noch einmal verkürzen. Dann zeigte der Schiedsrichter auf den Elfmeterpunkt und änderte seine Meinung sofort wieder. So etwas hatte ich noch nie gesehen. Aber trotz des zunehmenden Drucks der Italiener blieben wir vorn. Nach erneut gutem Zusammenspiel zwischen Marcelo und Fred fiel das 4:2, das dann auch das Endergebnis war.

Unsere weiße Weste in der Vorrunde gab uns Selbstvertrauen, aber der Gegner im Halbfinale war Uruguay. Was für ein Klassiker! Uruguays Abwehrspieler Lugano behauptete vor dem Spiel, Neymar Jr. sei ein Schwalbenkönig und der brasilianische Fußball sei längst nicht mehr das, was er einmal gewesen war. Immer dasselbe Geschwätz.

Aber Fußball findet glücklicherweise immer noch auf dem Platz statt. Die erste Spielhälfte in Belo Horizonte war hart. Die Fans sangen erneut lautstark die Hymne bis zum letzten Ton mit, die Stimmung war unglaublich. Auch die Gegner wurden von der Atmosphäre im Stadion mitgerissen und spielten ausgezeichnet, mitunter sogar besser als wir. Aber wenn man gut Fußball spielen kann und solche Fans hat wie wir, dann lassen sich alle Schwierigkeiten überwinden. Paulinho gab ein hervorragendes Zuspiel von der Mittellinie aus, Juninho stoppte den Ball mit der Brust und brachte ihn Richtung Tor, doch Torhüter Muslera war zur Stelle. Der aufmerksame Fred schnappte sich allerdings reaktionsschnell den Abpraller und traf zum 1:0 für Brasilien kurz vor Ende der ersten Halbzeit.

Gleich nach dem Seitenwechsel fiel der Ausgleich. Das Spiel war bis zum Ende hart umkämpft und von vielen Nickeligkeiten und Provokationen geprägt. Als der Schiedsrichter auf Eckball für Brasilien entschied, suchte ein Gegenspieler den Dialog mit meinem Sohn, um seine Konzentration zu stören, doch Juninho ließ sich nicht aus dem Konzept bringen. Er warf dem Gegner einen Handkuss zu und machte sein Spiel. Im Fernsehen wurde diese Geste immer und immer wieder gezeigt. Es hatte etwas Skurriles.

Ein Eckball von links brachte schließlich in der 85. Minute die Entscheidung. Neymar Jr. flankte auf Paulinho, der per Kopf das 2:1 erzielte. Kurz danach wechselte Felipão Juninho aus, aber wir hatten allen Grund zu feiern. Wir standen im Finale im Maracanã. Gegen den Gegner, den alle erwarteten und gegen den wir unbedingt gewinnen wollten: Spanien. Weltmeister und zweifacher Europameister. Die Mannschaft der zukünftigen Mannschaftskollegen meines Sohnes: Iniesta, Xavi, Busquets, Pedro, Piqué, Villa, Valdés, Jordi Alba, Fábregas. Das beste Team Europas. Aber die Spanier mussten erst noch beweisen, dass sie auch die beste Elf des Confed-Cups 2013 waren. Immerhin war Gastgeber Brasilien fünffacher Weltmeister und hatte den Wettbewerb schon dreimal gewonnen.

Was der Selecão am Anfang noch gefehlt hatte, war jetzt von Tag zu Tag weniger relevant. Wir zeigten, dass es der Mannschaft eigentlich nur am Zusammenspiel gemangelt hat. Im Laufe des Turniers wurden wir ein Team, das außerhalb des Platzes eine Einheit darstellte und erst recht auf dem Feld zusammenhielt. Ich hatte den Eindruck, wir wurden von Spiel zu Spiel besser.

Vor dem Finale gegen Spanien sangen wieder alle Fans die Hymne mit, und man hatte das Gefühl, dass die Mannschaft schon jetzt begann, dieses Spiel zu gewinnen. Voller Stolz und voller Liebe. Es lief so, wie wir es uns erhofft hatten: Fred erzielte bereits nach eineinhalb Minuten das Führungstor. Hulk spielte den Ball von rechts auf Neymar Jr., der ihn an Fred weitergab, und im Liegen bugsierte der Stürmer den Ball spektakulär und unhaltbar für Casillas in den spanischen Kasten.

Beinahe hätte Oscar in der siebten Minute nach einer Vorlage von Fred auf 2:0 erhöht. Auch Paulinho hatte in der zwölften Minute eine gute Chance und scheiterte mit seinem Lupfer nur deshalb, weil der spanische Keeper eben Iker Casillas hieß. Aber Brasilien war Brasilien und spielte so stark wie schon lange nicht mehr. Wir ließen den Spaniern wenig Raum und pressten aggressiv. Pedros gefährlichen Schuss in der 40. Minute klärte unser Keeper David Luiz auf der Torlinie. Fantastisch! Das Maracanã bebte und feierte, als hätten wir ein Tor geschossen.

Man kann sich ausmalen, was passierte, als Neymar Jr. in der 43. Minute den zweiten Treffer erzielte. Ein Doppelpass mit Oscar war die Vorarbeit, Juninho kam rechtzeitig aus dem Abseits und drosch den Ball dann mit links in den Winkel. Dieses Tor war sensationell. Als die Jungs nach der Pause aus der Kabine kamen, wirkten sie noch konzentrierter. Hulk leistete die Vorarbeit und spielte Neymar Jr. zu, der an Fred weitergab, und so fiel die Entscheidung: ein spektakuläres 3:0!

Für Spanien lief jetzt nichts mehr zusammen. Sergio Ramos vergab einen Elfmeter, und in der 67. Minute sah Piqué nach einem Foul an Neymar Jr. die Rote Karte. In Überzahl ließen wir noch eine Reihe von Torchancen ungenutzt, aber das 3:0 lag weit über unseren Erwartungen. Es war einfach toll. Nach dem Schlusspfiff umarmte Juninho den ersten Spanier, der vor ihm stand, bedankte sich beim Schiedsrichterteam und schüttelte als Erster den geschlagenen Gegnern die Hand. Danach ging er zu den Fans und klatschte so viele ab, wie er konnte. Am liebsten hätte er allen Brasilianern die Hand geschüttelt, die uns während des ganzen Turniers so treu zur Seite gestanden hatten. Bei der Pressekonferenz legte er Wert darauf, das Trikot seines Teamkameraden Leandro Damião zu tragen, der sich im Vorfeld des Turniers verletzt hatte und von Jô ersetzt wurde. Damião gebührte der Titel genau wie allen anderen Spielern.

So baut man ein starkes Team auf, so wird man zu einem Siegertypen. Seit seinen Futsal-Tagen hat Juninho verinnerlicht, wie wichtig die Gruppe ist. Alle für einen, einer für alle. Das gilt auch in unserer Firma: Wir arbeiten alle für Neymar Jr., und er arbeitet für uns.

Nach dem Finale folgte dann noch ein weiterer emotionaler Höhepunkt, für ihn und natürlich auch für mich. Neymar Jr. erhielt den „Bronzenen Schuh“ als drittbester Torschütze des Turniers. Fernando Torres und Fred hatten fünf Tore erzielt, Neymar Jr. war viermal erfolgreich. Diese Trophäe steht in meinem Büro bei NR Sports. Gleich im Anschluss erhielt mein Sohn – und das war die größte Ehre – den „Goldenen Ball“ als bester Spieler des Turniers. Er hätte sich niemals erträumt, einen solchen Preis zu bekommen und dabei Iniesta und Paulinho auf die Plätze zu verweisen. All die brasilianischen und spanischen Starspieler und noch dazu Leute wie Pirlo und Cavani. Eine große Ehre und natürlich eine große Freude.

Er hätte sich niemals erträumt, einen solchen Preis zu bekommen und dabei Iniesta und Paulinho auf die Plätze zu verweisen.

Um 21.13 Uhr hob Juninho den zweiten Pokal in den Himmel über dem Maracanã und dankte Gott für diesen Erfolg. Kurz danach, als er die Medaille entgegennahm, küsste ihm der Präsident der FIFA und des brasilianischen Fußballverbands CBF auf den Kopf. Als unser Kapitän Thiago

Silva die vierte Trophäe dieses Abends in die Höhe hielt – die am sehnsüchtigsten erwartete, den Pokal des Confed-Cups 2013 –, war es 21.21 Uhr, und wir begannen zu jubeln: „Campeão!" Wir hatten den Titel errungen. Wir und alle Brasilianer.

Danach stellte sich Neymar Jr. für ein Foto mit dem Team und dem Trainerstab auf, bevor sie alle eine Ehrenrunde drehten. Es war schön, viele seiner Mannschaftskollegen mit ihren Kindern zu beobachten. Ich dachte an meinen Enkel Davi Lucca und konnte mir vorstellen, wie gerne sein Vater ihn auf dem Arm gehabt hätte. Um ihn in den Armen zu wiegen, wie er es mit dem Pokal tat, den er für einen Moment in den Händen halten durfte. Juninho hielt die Trophäe fest und küsste sie wie ein Kind. Natürlich machte er auch noch ein Foto mit seinen drei Trophäen – wie ein Fan.

Ein Fan war er tatsächlich, und ein Glückskind, weil er in dieser Ausnahmemannschaft spielen durfte. Und weil er Brasilianer war. Wir beide wussten, dass es im Finale nur zwei Möglichkeiten für Juninho gab: Entweder er ginge zusammen mit der Seleção als großer Verlierer vom Platz, oder er würde einer der Helden, an die man sich erinnerte. Gott sei Dank spielte Juninho wie ein echter brasilianischer Zehner. Gut, als Vater bin ich etwas voreingenommen, aber als Liebhaber des Fußballs bin ich natürlich sehr glücklich über das, was Juninho und seine Freunde für den brasilianischen Fußball leisteten. Wir hatten unseren Stolz zurück. Stärke, Intelligenz, Können und Talent hatten diesen wichtigen Titel errungen.

Brasilien war nun dreifacher Champion, hat in fünf Spielen fünfmal gewonnen und im Finale den aktuellen Welt- und Europameister entzaubert. Mehr muss man dazu nicht sagen.

DAVI LUCCA

Als ich erfuhr, dass ich Vater werden würde, war ich 19. Es war kurz vor dem Endspiel im Paulistão 2011, und ehrlich gesagt, wusste ich nicht, was ich tun sollte. Es geht bestimmt vielen Männern so, aber für mich war es vor allem deshalb so schwer, weil in meinem Leben gerade so vieles passierte. Ich hatte Angst vor der Verantwortung, ich war unvorbereitet und es kam zu früh für mich. Ich vergoss einige Tränen, und es dauerte eine halbe Ewigkeit, bis ich den Mut fasste, meiner Mutter davon zu erzählen.

Ich bat sie, zu Hause zu bleiben, damit wir uns unterhalten konnten. Als sie es erfuhr, reagierte sie gerührt und sehr emotional. Es dem künftigen Großvater zu sagen war um einiges komplizierter. Ich schaffte es kaum, mir blieben die Worte immer wieder im Halse stecken. Mein Vater war derjenige, der mir schon immer gute Ratschläge gegeben hatte. Er hatte mir immer eingebläut, gut aufzupassen, und zwar in jeder Hinsicht. Verantwortung für alle seine Handlungen zu übernehmen, das war ein wichtiges Thema für ihn. Doch nach dem ersten Schrecken sah er der Situation offen ins Gesicht. Er suchte das Gespräch mit mir und Carol, der Mutter meines

Sohnes. Wie immer war er einfach unglaublich. Auch Carols Familie hat toll reagiert. Gott sei Dank.

Seitdem ist alles wunderbar. Wir verstehen uns hervorragend, und mein Vater hilft, wo er nur kann. Seit er wusste, dass er Großvater würde, unterstützte er mich auch in diesem Bereich meines Lebens mit allem, was ich brauchte. Er machte mir klar, dass seine Liebe zu mir und meiner Schwester unendlich ist und dass Davi immer zu unserer Familie gehören würde, auch wenn ich nicht heiraten oder mit der Mutter meines Sohnes zusammenbleiben würde.

Ein Sohn ist ein Segen und wird es immer bleiben. Davi Lucca ist ein Geschenk für das Leben seiner Eltern, Großeltern, seiner Tante, der ganzen Familie. Seit er auf der Welt ist, ist mein Leben zu etwas Besonderem geworden. Er bringt mir Glück.

Für mich ist Davi Tag für Tag eine große Freude. Ich bin ganz vernarrt in meinen Sohn und wäre am liebsten immer in seiner Nähe, um mit ihm zu spielen. Es ist schön mitzuerleben, wie er heranwächst. Ich bringe ihm viel bei und lerne umgekehrt auch viel von ihm. Für meinen Sohn tue ich alles, sogar seine Windeln wechsle ich. Ich gebe mir Mühe, mich so um ihn zu kümmern, wie sich mein Vater um mich gekümmert hat.

Es ist so schön! Zu Davis Mutter habe ich eine gute Beziehung. Wir sprechen viel miteinander, und ich möchte möglichst viel an seiner Erziehung mitwirken. Ich möchte, dass er ein guter Mensch wird, und werde versuchen, ihn so gut zu erziehen, wie es meine Eltern für mich getan haben.

Für meinen Sohn tue ich alles, sogar seine Windeln wechsle ich. Ich gebe mir Mühe, mich so um ihn zu kümmern, wie sich mein Vater um mich gekümmert hat.

Gegen Corinthians am 4. März 2012 habe ich ihn zum ersten Mal mit ins Vila Belmiro genommen. Er war zwar gerade erst sechs Monate alt, aber ich war wild entschlossen. Ich organisierte ihm ein Santos-Trikot mit der Nummer 10 und ein stylisches Basecap und kam mit ihm auf dem Arm ins Stadion. Das sorgte natürlich für große Begeisterung. Die Überraschung ist mir gelungen.

Nicht einmal sein Großvater wusste davon. Ich habe alles mit Carol besprochen und es gab überhaupt kein Problem. Es war einfach nur schön, Davi Lucca an diesem sonnigen Sonntag mit ins Stadion zu nehmen. Bevor das Spiel losging, bekam er ein Küsschen von seinem Patenonkel Ganso, und dann erwies er sich erneut als echter Glücksbringer: Wir gewannen 1:0.

Davi Lucca wird das sein, was ich für meinen Vater war: das beste Maskottchen, was man sich vorstellen kann. Es gibt ein tolles Foto von meinem Vater, als er 1994 für Manchester Juiz de Fora spielte. Es hängt bei NR Sports an der Wand. Das Team stand in dieser typischen Mannschaftsfotopose vor den Fotografen, und gleich vor meinem Vater saß ein kleiner Junge. Das war ich! Und auch für mich drehte sich an diesem Sonntag im Vila Belmiro alles um Davi Lucca.

Im Trainingslager in Santos kam Davi mich immer besuchen. Es gab nichts Motivierenderes. Daran wird sich auch in Spanien nichts ändern.

Am 24. August 2011 wurde er geboren wurde, um 11 Uhr vormittags. Ich habe es sonst nicht so mit Zahlen, aber es ist schon interessant: Im Jahr 2011, um 11 Uhr morgens, wird der Sohn des Inhabers des Trikots mit der Nummer 11 in Santos geboren – der damals amtierender Staatsmeister von São Paulo war und Gewinner der Copa Libertadores 2011 ist.

Seit diesem Tag denke ich viel mehr an ihn als an mich. Ich verstehe auch meinen Vater mit der Zeit besser. Ich gebe ihm immer häufiger recht. Vatergefühle sind mit nichts zu vergleichen. Sie begeistern und segnen mich. Ich hoffe, dass auch Davi Vorbilder und Idole haben wird, wie ich sie habe. Aber ich hoffe, dass mir nicht dasselbe passiert wie Robinho. Als wir 2010 zusammen in Santos spielten, nahm er seinen Sohn mit ins Trainingszentrum und der Junge sagte doch tatsächlich, dass er ein großer Fan von mir sei.

Ich bereite mich schon seelisch darauf vor, denn es ist sehr gut möglich, dass Davi kein Fan von Neymar jun. wird. Aber dafür kann ich voller Stolz und Überzeugung sagen: Ich bin ein großer Fan von Davi Lucca! Er ist der Mittelpunkt meines Lebens, ich schieße Tore für ihn, ich spiele für ihn. Ich liebe ihn.

STOLZ

Schon sehr früh hatte ich ein Ziel: Ich wollte mich bis zum Beginn seiner Profikarriere um Juninho kümmern. Inzwischen habe ich meinen Teil erfüllt, jetzt ist er an der Reihe. Aber natürlich unterstützt ihn unser Team hier draußen weiterhin, seit seinem Profidebüt im Jahr 2009 tun wir alles für ihn. Wird er mal der beste Spieler der Welt? Wir werden das häufig gefragt, aber ehrlich gesagt, ist das nicht unser Ziel. Es ist nicht der Grund, warum Juninho auf dem Platz steht.

Sollte es wirklich so weit kommen, dass er mal zum Weltfußballer gewählt wird, dann ist das ein Ergebnis harter Arbeit. Wenn ich unbedingt wollte, dass er der Beste wird, würde ich auf die Leute hören, die mir schon vor seinem Wechsel nach Barcelona gesagt haben: „Wenn man der weltbeste Fußballer sein will, dann kann man nicht in derselben Mannschaft spielen wie der weltbeste Fußballer. Wenn man nicht immer in seinem Schatten stehen möchte, muss man gegen ihn spielen, nicht an seiner Seite." Diese

Leute haben noch nicht verstanden, wie wir mit Juninho arbeiten.

Neymar Jr. will vor allem eines: glücklich sein. Das ist er seit seiner Geburt und erst recht, seit er angefangen hat, Fußball zu spielen. Er will mit den Besten spielen. Er entschied sich für das, was er am liebsten mag: den besten Fußball, das schöne Spiel von Barcelona. Das ist gut für ihn und für alle, die schönen Fußball lieben. Oder wie Xavi sagen würde: „Ich spiele nicht, um der Weltbeste zu sein. Ich trage dazu bei, dass meine Mannschaftskameraden die besten Spieler des Planeten sind.“ Das ist es. Fußball ist eine Mannschaftssportart. Neymar Jr. wird bei Barcelona sehr glücklich sein, und er wird mit seinem Spiel vielen Menschen Freude bereiten.

Bei den Entscheidungen von Neymar Jr. stehen Liebe und Glück stets im Vordergrund. Wenn Größen wie Tostão so positiv über meinen Sohn reden, wenn nicht nur Brasilianer, sondern Menschen weltweit ihn in den höchsten Tönen loben, dann ist das ein gutes Gefühl. Ich werde nie diesen Werbespot von Volkswagen vergessen, mit Ayrton Senna, dem Dalai-Lama und so vielen weiteren wichtigen, wunderbaren Menschen – und unter ihnen mein Sohn. Das hat nichts mit Prahlerei zu tun, es ist einfach purer Stolz.

Und es geht um Respekt. Ich habe mir diesen Spot schon tausendmal angesehen, denn ich weiß, wie hart wir gearbeitet haben, um eine solche Anerkennung zu erhalten. Das war etwas, das ich mir für mein Leben gewünscht habe: zu sehen, dass die Leute gut von meinen Kindern sprechen, auf die ich stolz bin. Damit bin auch ich als Vater gesegnet.

Die Leute mögen Juninho, sie lieben sein Spiel und das, was er außerhalb des Platzes darstellt.

Mein Sohn hat unter rassistischen Anfeindungen gelitten, als er für die Nationalelf spielte. Er hat jede Art von Beschimpfung über sich ergehen lassen müssen. Manchmal verliert er die Beherrschung, schließlich ist er keine Maschine. Niemand ist das. Manchmal haben sie ihn zu sehr unter Druck gesetzt. Ich persönlich habe ein dickes Fell. Mein Leben war hart, und oft konnte ich meinem Sohn und Rafaela keine Geschenke machen, aber ich habe immer für möglich gehalten, dass sich das eines Tages ändert. Mir war wichtig, dass Neymar Jr. viele Träume hatte. Das war das Einzige, was ich ihm geben konnte. Der einzige Luxus, den meine Kinder hatten, waren ihre Träume.

Was mich an Juninho tief beeindruckt, ist seine Fähigkeit, sein eigenes Spiel und das der Gegner genau einzuschätzen. Er kann eine Partie interpretieren. Viele Fußballer spielen zwar gut, durchschauen aber nicht, was auf dem Platz vor sich geht. Sie lesen das Spiel nicht. Neymar Jr. spielt und beobachtet dabei genau die Bewegungen seiner Mannschaft und der Gegner. Manchmal scheint er überhaupt nicht auf dem Platz zu stehen, sondern das Spiel von der Tribüne aus zu analysieren.

Mein Sohn hat unter rassistischen Anfeindungen gelitten, als er für die Nationalelf spielte. Er hat jede Art von Beschimpfung über sich ergehen lassen müssen.

Er hat eine ungeheure Fähigkeit, Neues aufzunehmen und zu lernen. Man muss sich nur mal die Werbespots ansehen, die mit ihm gedreht wurden. Er lernt alles blitzschnell auswendig und macht überhaupt keine Fehler. Er schafft es sogar, sich einzelne Pässe aus bestimmten Spielen zu merken. Manche Fußballer können sich kaum mehr daran erinnern, was sie gemacht haben und was nicht – bei Juninho ist das anders. Er hat immer alles im Blick und will permanent dazulernen.

Für seine Karriere und sein Erwachsenwerden war es sehr wichtig, dass er Geduld aufbrachte. Ich weiß, er ist frühreif und hat viele Dinge viel früher gemacht als die meisten anderen. Aber dennoch hat er nie seine Entwicklung als Sportler und als Mensch forciert. Er wusste immer, dass man bestimmte Schritte nicht auslassen darf. Gott überspringt keine Etappen. Sein Körper war mit 17 Jahren der eines 17-jährigen Jungen, mit 19 der eines 19-jährigen Sportlers und so weiter. Juninho hat so viel Erfolg, auf und neben dem Platz, weil er genau weiß, wann die richtige Zeit gekommen ist. Ich zeige ihm nur den Weg, aber er entscheidet, in welche Richtung er geht. Fast immer liegt er dabei richtig. Alles geschah, wie er es wollte. Seine Persönlichkeit und sein Charakter trafen die Entscheidungen. Auch wenn wir uns im Umfeld um alles kümmern, was Juninho betrifft, damit er sich ganz dem Fußball widmen kann, ist er in der Lage, Verantwortung zu übernehmen für das, was er tut.

Gott überspringt keine Etappen. Sein Körper war mit 17 Jahren der eines 17-jährigen Jungen, mit 19 der eines 19-jährigen Sportlers und so weiter.

Für meinen Sohn ist jedes Spiel enorm wichtig. Ein Titelgewinn ist die Konsequenz harten und guten Trainings, das sehe ich genauso. Bei einer Partie in Peru titelte die argentinische Zeitung *Olé*: „Neymaradona". Das war nach dem ersten Spiel der Südamerikameisterschaft der U20 am 18. Januar 2011 in Tacna. Ein schöner Sieg gegen Paraguay: 4:2 für Brasilien. Vier Tore des Brasilianers mit der Nummer 7. Das war sehr aufregend für mich. Die Vergleiche von Pelé und Maradona ist man ja gewohnt, aber dass mein Sohn mit Maradona verglichen wurde, das war schon etwas Besonderes.

Dass ich Juninho gerne beim Spielen zusehe, hat nicht nur damit zu tun, dass er mein Sohn ist – es macht einfach Spaß, jemanden mit so viel Leidenschaft und Spielfreude auf dem Platz agieren zu sehen. Manchmal bekomme ich eine Gänsehaut, wenn er hart gefoult wird, das versteht sich für einen Vater und Fan. Natürlich mag ich es nicht, wenn er auf dem Spielfeld etwas abbekommt, aber einmal war es lustig: Die Nationalelf spielte in Belém gegen Argentinien. Das war beim Superclássico das Américas[16] – eine schwierige Aufgabe, so wie immer. Neymar Jr. machte ein

16 Das Duell Súperclássico das Américas, auch Copa Roca, wird zwischen den Nationalmannschaften von Argentinien und Brasilien ausgetragen.

gutes Spiel. Als er auf der linken Seite zu einem Dribbling ansetzte, zog ihm der Spielmacher Guiñazú am Trikot. Der Schiedsrichter pfiff und entschied auf Foulspiel. Klare Sache. Während sich der Argentinier beschwerte, ließ er etwas zu Boden fallen, das er von Juninhos gelbem Trikot gerissen hat: einen Teil seiner Rückennummer.

Dass ich Juninho gerne beim Spielen zusehe, hat nicht nur damit zu tun, dass er mein Sohn ist – es macht einfach Spaß, jemanden mit so viel Leidenschaft und Spielfreude auf dem Platz agieren zu sehen.

Neymar Jr. trug die Nummer 11, Guiñazú riss die rechte 1 ab. Zurück blieben nur die grünen Umrisse der Ziffer. Nun prangte nur noch eine Ziffer auf Juninhos Rücken: Für ein paar Momente war er die Nummer eins. Für mich als Vater ist er das ohnehin immer. Es war schon amüsant, dass die Gegner es in diesem Match nicht bei bloßen Fouls beließen, sondern es sogar auf seine Rückennummer abgesehen hatten.

Auch das war einer dieser Momente, die man niemals vergisst. Ich bin mir sicher, dass noch viele ähnliche folgen werden, schließlich ist Juninho erst 21 Jahre jung und hat noch eine Menge Spiele vor sich. Sein Verantwortungsbewusstsein, sein Ernst, die Liebe zum Fußball und die Sympathie, die er von Fans und Mitspielern erfährt, zeigen mir, dass er sich noch übertreffen wird.

Ich wünsche mir, dass mein Sohn am Ende seiner Laufbahn sowohl wegen seines Talents als Sportler als auch für seine Bescheidenheit im Umgang mit seinen Mitmenschen anerkannt wird. Ich hoffe, dass die Leute, die noch erlebt haben, wie er als schmächtiger Junge dem Ball hinterherlief, sagen werden, dass der erwachsene Juninho trotz all seiner Erfolge noch genau dieselbe Person ist, die alle sehr freundlich und respektvoll behandelt. Alles, was er von den Menschen bekommt, die ihn lieben und die zu ihm stehen, gibt er zurück. Nicht nur, weil er von Nadine und mir so erzogen wurde, sondern weil das einfach seine Art ist.

Mein Sohn ist ein toller Typ. Er ist ein anständiger Junge. Das ist im Leben am wichtigsten: ein guter Mensch zu sein. Ich sage das nicht, weil ich sein Vater bin, sondern weil ich diesen Jungen seit der Wiege begleite. Ich verlange viel von mir und von ihm. Es ist gar nicht so einfach, gleichzeitig Vater und Fan des Vereins zu sein, bei dem der eigene Sohn spielt. So gut es geht, versuche ich, das voneinander zu trennen. Ich bin in erster Linie Vater, dann erst Fan.

Ich weiß, dass Davi Lucca sehr stolz auf seinen Vater sein wird, und ich bin mir sicher, dass viele Jungs Spaß daran haben werden, Neymar Jr. und seine Mannschaftskameraden auf dem Platz zu sehen. Mein Sohn wird viel Schönes erleben, nicht nur auf dem Rasen. Er verdient es. Gott hilft denjenigen, die Einsatz zeigen, und er hat uns bisher auf allen Spielfeldern des Lebens zur Seite gestanden.

Ich danke Gott und ich danke allen Fans dafür, dass sie Juninho unterstützen. Das macht mich glücklich, denn mein Sohn ist mein Schatz. Und er ist der Schatz vieler Fans von Santos, Barcelona und Brasilien.

DIE ZUKUNFT

Was wird die Zukunft bringen? Wo werde ich in zehn Jahren sein? Ich weiß es nicht. Ich wünsche mir, dass ich genauso glücklich sein werde wie jetzt und dass ich etwas tun werde, das mich erfüllt. Dafür arbeite ich hart. Ich hoffe, dass ich den Fans meines Vereins weiterhin Spaß mache. Den Santos-Fans, den Culés,[17] den brasilianischen Fans und allen, die sich weltweit für mein Spiel begeistern.

Ich möchte allen Fans dieses Sports Freude bereiten. Ich trainiere nicht dafür, der Weltbeste zu sein, und ich spiele nicht, um mich von den anderen abzuheben. Ich spiele, um meine Mannschaft und meine Teamkollegen zu unterstützen. Ich spiele für die brasilianischen Fans und die Santos-Fans und um Barcelona zu unterstützen. Ich spiele, weil ich den Fußball liebe.

In den vergangenen Jahren bin ich viel erwachsener geworden. Alles ist sehr schnell gegangen. Mit 17 war ich schon Profi, mit 19 wurde ich Vater, alles in meinem Leben ging sehr schnell. Das hat

17 Die Culés sind die Fans des FC Barcelona.

mir dabei geholfen, die Erfahrungen zu sammeln, auf die ich heute zurückgreifen kann. Mittlerweile fühle ich mich in jedem Spiel, in jedem Stadion, in jedem Land wohl. Durch die Ereignisse in meinem Leben habe ich viel gelernt, aber auch, weil ich den besten Lehrer an meiner Seite hatte: meinen Vater. Wenn ich aus irgendeinem Grund traurig war, dann sagte er zu mir: „Du wirst daraus lernen. Später wirst du sehen, dass dir diese Tränen gutgetan haben. Sie helfen dir, erwachsen zu werden."

Ich werde alles daransetzen, immer besser und immer effizienter zu werden. Wenn Gott will, dann feiere ich mit Brasilien im Jahr 2014 den sechsten Weltmeistertitel, und wer weiß, vielleicht gibt es sogar 2018 den siebten? Warum eigentlich nicht? Ich werde jedenfalls meinen Teil dazu beitragen, dass wir bei der WM unseren Fans im eigenen Land die Freude machen können, die sie verdienen.

Ich weiß, dass mein Vater immer für mich da sein wird. Er steht mir und meiner Familie auch in Zukunft zur Seite. Alles, was ich bisher erreicht habe, konnte ich nur schaffen, weil mein Vater mich beriet und unterstützte. Er hat viel für mich gelitten, aber auch alles darangesetzt, dass ich nicht leiden muss, dass ich nicht das durchmachen muss, was er erlebt hat. Ich kann die Zukunft nicht voraussehen, aber eines weiß ich ganz sicher: Meine Familie wird immer zu mir halten.

Alles, was ich bisher erreicht habe,
konnte ich nur schaffen,
weil mein Vater mich beriet und unterstützte.

Meine Familie ist das wertvollste Geschenk, das Gott mir gegeben hat. Ich danke Gott für die Sympathien, die ich von den Santos-Fans zwischen 2009 und 2013 erfahren habe. Für die Begeisterung, mit der mich die blau-roten Fans von Barcelona empfangen haben und die Fans der Seleção. Ihr seid immer bei mir. Ich kann euch keine Tore, keine Siege oder gar Titelgewinne versprechen, denn das liegt nicht allein in meiner Hand, aber ich werde versprechen, dass ich immer kämpfen werde. Mit Einsatzbereitschaft, Siegeswillen, einer großen Portion Mut und Spielfreude. Ginga und Malicia – das brasilianische Lebensgefühl, kombiniert mit fußballerischer Cleverness. Und zwischendurch müssen ein paar Tänzchen erlaubt sein, denn wenn ich einen Torerfolg feiere, kann ich einfach nicht anders.

Fußball ist nicht nur Sieg, Unentschieden oder Niederlage, es ist nicht bloß „Wir gegen die anderen". Fußball ist ein Kinderspiel, das Erwachsene ernst nehmen. Was nicht bedeutet, dass Fußball immer eine humorlose Angelegenheit ist.

Ich will Spaß haben und anderen Freude bereiten. Ich will fröhlich sein, herumlaufen, spielen, dribbeln und Tore schießen. Ich will der Junge sein, der alles für seinen Traum gegeben hat. Ich wollte schon immer Fußballspieler werden, und als ich meinen Vater spielen sah, da sah ich mich in meiner Vorstellung bereits dasselbe tun. Wenn ein Kind einen solchen Traum hat, muss es ihm folgen. Denjenigen, die einem sagen, dass es nicht klappen könnte, darf man kein Gehör schenken.

Ich habe immer an meinen Traum geglaubt. Im Grunde bin ich immer noch der Bengel, der auf der Tribüne herumsprang und zufällig von Betinho dabei beobachtet wurde. Ich will immer dieser Junge sein, der morgens draußen trainierte, nachmittags zur Schule ging, abends in der Halle weitertrainierte und spätabends mit seinem Vater im Kombi nach Hause fuhr. Ich möchte für die Menschen das sein, was mein Vater für mich war. Alles. Für immer.

Vater, du bist mein Held, mein Ratgeber, mein Freund. Worte reichen nicht aus, um dir für so viel Liebe und Hingabe zu danken. Für dich und meine Mutter, die Frau meines Lebens, die ihr Leben für mich und meine Schwester geben würde, tue ich alles. Ich danke Gott, dass ihr mir zur Seite steht. Für Davi Lucca will ich der sein, der du für mich warst, Vater. Ich liebe dich und hoffe, dass dieses Jahr 2013 immer etwas Besonderes für uns sein wird, nicht zuletzt wegen des Buches, das wir zusammen geschrieben haben. Das Buch, das unsere Geschichte erzählt. Ich hoffe, dass ich in meinem Leben noch mehr Erfolgsgeschichten schreiben werde. Geschichten, in denen keine Ergebnisse im Vordergrund stehen, sondern die Freude am Fußball. Die Dankbarkeit, Sohn von Neymar Sr. zu sein. Das Glück, Neymar Jr. zu sein.

ERFOLGE UND AUSZEICHNUNGEN

- Gewinner des Confed-Cups 2013
- Goldener Ball als bester Spieler des Confed-Cups 2013
- Bronzener Schuh als Vizetorschützenkönig des Confed-Cups 2013 mit vier Treffern
- Bester Spieler der Campeonato Paulista 2013
- Vizetorschützenkönig der Campeonato Paulista 2013 mit zwölf Treffern
- Vizemeister der Campeonato Paulista 2013
- Südamerikas Fußballer des Jahres 2012 – Zeitung *El Pais*
- Troféu Mesa Redonda – bester Spieler der brasilianischen Meisterschaft 2012
- Troféu Mesa Redonda – bester Angriffsspieler der brasilianischen Meisterschaft 2012
- Troféu Armando Nogueira 2012 – *SporTV* und *GlobEsporte.com*
- Prêmio Globolinha de Ouro – schönstes Tor der brasilianischen Meisterschaft 2012

Goldener Ball Hors-Concours 2012 – Zeitschrift *Placar* und *ESPN Brasil*
Goldener Schuh 2012 – Zeitschrift *Placar* und *ESPN Brasil*
Beste Mannschaft der brasilianischen Meisterschaft 2012 – CBF
Prêmio Brasil Olímpico 2012, Kategorie Fußball – Brasilianisches Olympisches Komitee
Gewinner des Superclássico das Américas mit der Seleção 2012
Gewinner der Recopa Sudamericana 2012*
Bester Spieler bei der Recopa Sudamericana 2012
Silbermedaille bei den Olympischen Spielen in London 2012
Torschützenkönig der Copa Libertadores 2012 mit acht Treffern
Beste Mannschaft der Copa Libertadores 2012
Meister der Campeonato Paulista 2012
Torschützenkönig der Campeonato Paulista 2012 mit 20 Treffern
Bester Spieler der Campeonato Paulista 2012
Beste Mannschaft der Campeonato Paulista 2012
FIFA-Puskás-Preis 2011 – schönstes Tor der Saison
Bester Spieler Südamerikas 2011 – Zeitung *El País*
Bronzener Ball – drittbester Spieler der FIFA-Klubweltmeisterschaft 2011
Zweiter der FIFA-Klubweltmeisterschaft 2011

* Ein Vereinswettbewerb, der vom südamerikanischen Verband CONMEBOL ausgerichtet wird.

Goldener Ball als bester Spieler der brasilianischen Meisterschaft 2011 – Zeitschrift *Placar* und *ESPN Brasil*
Silbener Ball als beste Mannschaft der brasilianischen Meisterschaft 2011 – Zeitschrift *Placar* und *ESPN Brasil*
Goldener Schuh 2011 – Zeitschrift *Placar* und *ESPN Brasil*
Troféu Armando Nogueira 2011 – *SporTV* und *GloboEsporte.com*
Prêmio Brasil Olímpico 2011, Kategorie Fußball – Brasilianisches Olympisches Komitee
Bester Spieler der brasilianischen Meisterschaft 2011 – CBF
Beste Mannschaft der brasilianischen Meisterschaft 2011 – CBF
Bester Spieler der Copa Libertadores 2011
Gewinner des Superclássico das Américas mit der Seleção 2011
Prêmio Ginga Esporte Interativo 2011 – schönstes Tor
Prêmio Ginga Esporte Interativo 2011 – bester Spieler der Saison
Vizetorschützenkönig bei der Copa Libertadores 2011 mit sechs Treffern
Gewinner der Copa Libertadores 2011
Bester Spieler der Campeonato Paulista 2011
Beste Mannschaft der Campeonato Paulista 2011
Meister der Campeonato Paulista 2011
Torschützenkönig der U20-Südamerikameisterschaft 2011 mit neun Treffern

U20-Südamerikameister 2011 mit der brasilianischen Nationalmannschaft

Torschützenkönig der Copa do Brasil 2010 mit elf Treffern

Gewinner der Copa do Brasil 2010

Bester Spieler der Campeonato Paulista 2010

Beste Mannschaft der Campeonato Paulista 2010

Meister der Campeonato Paulista 2010

Bester Nachwuchsspieler der Campeonato Paulista 2010

Vizemeister der Campeonato Paulista 2009

INSTITUTO PROJETO NEYMAR JR.

In Praia Grande, im Viertel Jardim Glória, wo Neymar Sr. damals sein Häuschen baute, wird ein Traum wahr. Nicht nur für die Familie Silva Santos, sondern für alle Familien in der Umgebung. Für Kinder, Eltern, Geschwister und Verwandte. In diesem armen Stadtviertel wird es fortan ein Zentrum geben zur Unterstützung von Gesundheit, Sport und Bildung. Ein Zentrum für die ganze Familie.

Das Instituto Projeto Neymar Jr. ist ein gemeinnütziger Verein mit sozialer Zielsetzung. Im Mittelpunkt stehen Unterrichts- und Sportangebote für Kinder aus bedürftigen Familien mit niedrigem Einkommen. Das Institut nimmt soziale Aufgaben wahr und bietet Bildungsmaßnahmen für Familien an. Sportliche Aktivität wird gefördert, und Tausenden von Menschen wird der Zugang zum kulturellen Leben ermöglicht. Über den Sport soll die Vision der Kinder, Familie und der gesamten Gemeinschaft gestärkt werden. Sie erhalten Unterstützung, um sich bestimmte Kenntnisse anzueignen, sich weiterzubilden und in einer besseren Umgebung aufwachsen zu können.

Auf 8400 Quadratmetern wird es zunächst Angebote für 2300 Kinder zwischen sieben und 14 Jahren geben. Auch für die Eltern dieser Kinder wird etwas angeboten, sodass das Programm insgesamt 10.000 Menschen erreicht. Die Eltern haben Zugang zu Vorträgen (zu den Themen Finanzen, Gesundheit, Motivation usw.), Berufsbildungsmaßnahmen, zu Kursen und Workshops – von Recycling über Alphabetisierung für Erwachsene bis hin zu Schwimmen und Wassergymnastik für ältere Menschen.

Die Stadt Praia Grande hat für alle diese Aktivitäten eine Anlage zur Verfügung gestellt. Vereinbart wurde eine Nutzung für 30 Jahre mit einer Option auf 30 weitere Jahre. Die Anlage befindet sich im Jardim Glória und steht den Einwohnern der Stadtviertel Aeroclube, Aprazível, Guaramar, Guilhermina, Marília, São Sebastião, Sítio do Campo und Vila Sônia offen.

Das Hauptkriterium, das interessierte Kinder und Familien erfüllen müssen, ist, dass sie in einem der genannten Viertel leben. Außerdem müssen sie in einer der städtischen Schulen José Júlio, Roberto Santini, Elza Oliveira und Maria Nilza angemeldet sein, zu mindestens 90 Prozent am Unterricht teilnehmen und nachweisen, dass auch die Eltern die Angebote nutzen möchten und können.

Das Institut schafft in dem Viertel, in dem Neymar Jr. aufgewachsen ist, völlig neue Formen des sozialen Miteinanders. Der Sportler, der heute Brasilien in den Stadien der ganzen Welt repräsentiert, kennt die Verhältnisse sehr gut.

Der Anpfiff, damit sich die Verhältnisse zum Besseren wenden können, ist erfolgt. Auf und neben dem Fußballpatz wird Geschichte geschrieben. Finanziert wird das Institut aus eigenen Mitteln und durch private Sponsoren.

Die Inspiration zu diesem Projekt war die schwierige Kindheit des Fußballstars. „Als ich klein war, hätte ich mir gewünscht, eine solche Anlage zu haben. So etwas gab es hier früher nicht." Sein Vater erläutert: „Wir wollten nicht warten, bis Neymar Jr. seine Karriere beendet, um dieses Projekt ins Leben zu rufen. Es ist wichtig, es voranzubringen, solange er noch spielt." Alle Familien im Umkreis werden informiert und können gemeinsam entscheiden, ob und in welcher Form sie daran teilnehmen.

Auch die Familie von Neymar Jr. – seine Mutter Nadine und seine Schwester Rafaela – engagiert sich für dieses Projekt. Seine Mutter hofft, die Verhältnisse, in denen sie mit ihrem Mann lange Jahre lebte, zu verändern: „Wir wissen, an was es hier wirklich fehlt. Wir können die Situation verbessern." Rafaela ist ebenso überzeugt wie ihre Mutter: „Das Institut ist ein großer Traum unserer Familie. Wir werden diesen Traum wahr werden lassen, um das Leben vieler Menschen in diesem Viertel lebenswerter zu machen."